人生100年を楽しむためにワクワクリベンジ読書のすすめ

玉木和彦
TAMAKI KAZUHIKO

幻冬舎MC

人生100年を楽しむために
ワクワクリベンジ読書のすすめ

はじめに
――「知的で素敵なシニアライフ」に向けて――

「読書が苦手な人、集まれ！」

「定年後の寂しさを感じている方へ、読書の楽しさを提案します！」

そんなコンセプトのもと、今回『人生100年を楽しむために ワクワクリベンジ読書のすすめ』を編んだ。

そもそも私は読書が大の苦手だった。子どもの頃は夏休みの宿題以外ほとんど本を手にすることはなかった。勤めてからも読むのはせいぜい仕事関係のビジネス本。ほんの一時期、三島由紀夫や夏目漱石に興味を持ったことがあったものの、長続きはせず。

とにかく読書とは縁遠いところにいた。

「人生100年時代」を間近に控えた今日、定年後の過ごし方はある意味、人生における一大イベントである。

私の話で恐縮だが、社会人時代のつながりは結局「名刺と役職」の力によるもの。会社に行けば部下がいたし同僚もいた。そしてお取引先の方々も周りに数多くおられた。

しかし、定年直前に退職し、一歩会社を離れたら、一気にそのつながりは消えてなくなってしまった。

そこで初めて実感する「寂しさ」や「虚しさ」そして「一体自分はこれからどうなるのだろうか」という将来に対する一抹の不安。

小心者の私は、とにかく右往左往するばかりであった。

そんな私を支えてくれたのが、これまで疎遠にしていた読書だった。

正直言って「溺れる者は藁をもつかむ」という心境。ひとすじの光が照らされた思いだった。

本を読めば読むほど、新しい知見を深めることができる。心が安定する。さらにはこれからの人生に大きな希望を持てるようになる。

読書は、将来への不安に恐れおののいていた私に「智慧と勇気」を与えてくれた。そのおかげで、今日まで自己肯定感を抱きながら、読書を通じて第二の人生を楽しむことができているように思う。

この本は、私の実体験、これまでの紆余曲折の読書ライフをもとに構成されている。

したがって、読書経験の長い方、すでに読書を趣味とされている方にとっては「何をいまさら」と感じられるかもしれない。

そういう方には、この本は不向きであるが、もしかすると読書を見直すきっかけになる可能性もあるように思う。

「そもそも読書は苦手だが、定年を迎えて何もすることがない。仕方がない。読書でもするか」とお考えの方はぜひこの本を参考にしてほしい。少なくとも人生の後半戦に向けての「精神安定剤」くらいにはなると思う。

読書って素晴らしい！

とっても楽しいものだ！

第二の人生に「智慧と勇気」を与えてくれる！

この本が、みなさまの「知的で素敵なシニアライフ」の一助になることを心より願ってやまない。

私設公民館『おおい元気ぼっくす』
代表　玉木　和彦

PS

人生の第二フェーズに入られている方、特にこれといった趣味をお持ちでない方。

「ワクワクリベンジ読書くらぶ」で、一緒に読書を学び合うことはできないだろうか。

経験不問。

入会条件は、「この本をご購入いただいた方」「社会人時代を忘れて、新たに人生を楽しもうというマインドをお持ちの方」ぜひご参加いただきたく。

詳細は巻末で。

目次

第二章　ワクワクリベンジ読書の進め方

第三章　実践編

第一章

「人生100年時代」の到来

「ヒポクラテスによれば人間が頂点に達するのは五六歳のときである」

「アリストテレスは肉体の完成は三五歳のときであり、魂の完成は五〇歳とする」

「ダンテによれば、人は四五歳で老境にさしかかる」（永江朗『四苦八苦の哲学』Ｐ１７６　晶文社　２０１８年）

「国連の推計によれば、２０５０年までに、日本の１００歳以上人口は１００万人を突破する見込みだ。（中略）２００７年に日本で生まれた子どもの半分は、１０７年以上生きることが予想される」（リンダ・グラットン／アンドリュー・スコット『LIFE SHIFT　１００年時代の人生戦略』Ｐ１　東洋経済新報社　２０１６年）

最近、読書を進める中で目にした記述である。

どれも実に興味深い。

「高齢期・老年期」「高齢・老年」「老人」「老化」

言葉や表現は異なっても、いわゆる「老い」については古くから注目されていた。それが世界的な高齢化（というより長寿化）の流れの中で、もはや「人生１００年は当たり前」とも言える時代になっている。

みなさん（特に私と同じ高齢者一歩手前のシニア世代の方）は、これらのメッセージをどのように受け止められるだろうか。

高齢者？

そんなのは自分に関係ない、まだまだ先の話と思っている！

と言っても客観的に見れば、すでに人生１００年時代を折り返している。どう考えても高齢の域に近づいてきたことは否めない。ついに我が身にも迫ってきたか。個人的にはそんな思いを感じている。

ただ私自身は、身体に若干の不安はあるものの、これから先の新しい時代がむしろ楽しみで仕方ない。

まだまだこれから！

そういう心持ちで日々過ごしている。

この章では「人生１００年時代」を楽しむヒントについて、みなさんと共有していきたい。

時代背景を確認することによって、読書の意味や位置づけを理解することにもつながると考える。

(1)「人生100年時代」を楽しむヒント

これからの時代、特に考えなければならないのは高齢期に入ってからの生き方だろう。人生の折り返し地点というか、現役を外れた後の生き方と言った方がわかりやすいかもしれない。

こうした考え方は古今東西、様々なところで注目されてきた。そればかりではない。今日、さらにはこれからもますます目が離せないということは言うまでもない。

そして、それらを深く分析する中から、「人生100年時代」に向けて、我々が進むべきヒントを見出すことができると考えている。

今回、「古代ローマ時代」「仏教の教え」「台湾のセカンドライフ」の3つの視点から、人生100年時代を楽しむヒントについて考えてみた。

結論から言うと、それぞれの視点から浮かび上がるキーワードは、「プライド」「受容のあり方」「創意工夫」である。

つまり、「老年となることにプライドを持つこと（＝老年に対する誤解を取り除くこと）」「老いを素直に受け入れ、そこからさらに新しい老いのあり方を学ぶこと」、そして「老年期をより充実したものにするための創意工夫」ということである。

●古代ローマ時代からの学び

そもそも老年問題は２０００年以上も昔からクローズアップされていたというから驚きである。

古代ローマ時代も「老年は惨めなもの」とする見方が大勢を占めていたといわれている。しかし、それは大きな誤解であり、逆にそれをいかに取り除くかということについて、古代ローマ時代の哲学者キケローは著書『老年について』をあらわした。その主な内容・感想は「第三章　実践編」に記載したので確認いただきたい。

この著書のテーマは「老年に対する４つの誤解」を取り除くことである。

「４つの誤解」とは「①老年は公の活動を遠ざける　②老年は肉体を弱くする　③老年はほとんど全ての快楽を奪い去る　④老年は死から遠く離れていない」ということである。

キケローは著書の中で「４つの誤解」について、それぞれ以下のように否定している。

個人的な見解を加えながら、簡単にその内容を確認してみたい。

①老年は公の活動を遠ざける。

肉体の力、スピード、機敏さは確かに若い人にはかなわない。しかし、そうした点だけを持って老年が活動的でないと決めつけるのは早計である。

老年には若い人にはない「経験」がある。そして「思慮」「理性」「権威」「見識」がある。老年はこれらを持って大事業をなすことができる。実際に古代ローマの偉人には、こうした老年ならではの「力」でもって国を守ってきた事例も数々ある。

一方で、老年が培ってきた「力」（思慮・理性・権威・見識）は、後進の活躍の土台となっているということも事実。そうした時に、「老年は公の活動を遠ざける」というのは適切であるとは言えない。

②老年は肉体を弱くする。

老年になると体力が衰える。が、実はそれが逆にプラスに働くこともある。簡単に言えば「力み」が無くなるということ。スピーチをするにしても、若い人のように大声で元気よく話すことは困難である。しかし、いい意味で力みが消え肩の力がなくなると、静かに深く理解してもらえるような話し方ができる。それはむしろ老年が得意とするところである。

その一方で、老年期の体力の衰えは青年期の悪癖の結果であることが多い。青年期の放蕩無頼の節度のない生活がその原因となることも若い世代は理解しなければならない。

③老年はほとんど全ての快楽を奪い去る。

快楽は悪行の源となる。快楽から欲望が生まれる。そしてその欲望の誘惑は、祖国への裏切り、国家の転覆謀議、敵との密談、淫行や姦通にもつながる。

「快楽は熟慮を妨げ、理性に背き、いわば精神の眼に目隠しをして、徳と相渉ることは毫もない」この言葉は名言である。

老年から快楽が取り除かれることは、ある意味で老年が安寧とした日々を送ることができること。むしろ歓迎されることである。

④老年は死から遠く離れていない。

「人生における老年は芝居における終幕のようなもの」

人生を十分に楽しんだあとでのフィナーレ。それは老年としての果実であり、その魂とともに後世の人々の記憶に残るものとなる。

したがって、「死」とは魂をすっかり消滅させるものではなく、魂が永遠にあり続けてくれる場所に導いてくれるものととらえるべき。魂は生きている！

（キケロー『老年について』P22－74　岩波書店　2004年）

いかがだろうか。とても2000年前のコメントとは思われない。

キケローはこの中で「老年に対する4つの誤解」を否定したが、その一方で、その時代に生きる老年者に対してプライドを持った生き方を訴えているようにも思える。

「諦めてはいけない！　まだまだこれからだ！」

時空を超えて、そんなキケローからの声援、叱咤激励が聞こえるような気がしてならない。

●仏教の教え

次に仏教の教え（生老病死＝しょうろうびょうし）からの学び。

人間である以上、生まれ、成長し、成熟し、老衰し、死ぬことは避けられない。

仏教用語に「生老病死」という言葉がある。

「人間がこの世で避けられない四つの苦しみ。生まれること、老いること、病気になること、死ぬこと。四苦」（新村出『広辞苑　第七版　あ－そ』P1461　岩波書店　2018年）である。「生苦」「老苦」「病苦」「死苦」としてあらわされる。

その中でも「老苦（老年期における苦しみ）」とはどういうことか。

いろいろな見解があると思うが、わかりやすく言えば「老いによる不安」を感じるということと考える。

特に定年後の男性が家庭の中で「粗大ゴミ」のように扱われている現実。さらにＡＩをはじめ目まぐるしく変わる社会構造の中で、老人はどうしても取り残されがち。

不安は尽きることがない。

その不安を解消するためには、「どう老いるか」という視点がますます重要になると考える。

「老いること」とは「熟すること」であり、生をまっとうするということでもある。そこに老人としての独自の意味があり、それが老人の「智慧（真理を明らかにし、悟りを開く働き：新村出『広辞苑　第七版　たーん』Ｐ１８５８　岩波書店　２０１８年）」になると思う。

ただし、その智慧は年齢を重ねただけで生まれるものではない。

仏典の１つである『法句経《ほっくぎょう》』によれば「学ぶことの少ない人は、牛のように老いる。彼の肉は増えるが、彼の智慧は増えない」とある。

老いるとは単なる現象ではない。極めて主体的なものであり、それまでの学びに対する姿勢の蓄積がものをいう世界である。

そこで重要になるのは、「どういう姿勢で老いと向き合うべきか」ということである。いろいろなスタンスがあると考えられる。

例えば、「できるだけ老いを認めない」という姿勢。つまり、いつまでも若さに固執し、活動的な生活を捨てようとしないこと。実際にこういう方は多いようである。

決して否定するものではないが、この場合、注意しなければならないのは、その求め方である。

釈尊も次のように懸念を示している。

「『自分はこれを成し遂げた。これをしたならあれもしなければならない』とあくせくしている人々を老いと死が粉砕する」と。

「必要以上に自身の若さを追い求めること」「老いを否定すること」に対する1つの戒めととらえるべきだろう。

やや逆説的にはなるが、老いを受け止めながら、これまで培ってきた「智慧」をもとに新しいチャレンジをする。

「古い切り株に新しい芽が育つ」がごとく、老いを認め、そこから新たな老いを創《はじ》めるという姿勢も必要であると考える。

一方で「隠居《いんきょ》」という姿勢もある。

つまり完全に老いを認める一方で、これまでの仕事から身を引いて、悠々自適な生活を楽しみ、晴耕雨読のごとく、多くある時間を自分の趣味などに費やす生き方である。

一見、不安のない、うらやましい人生の送り方のようにも思われるが、意外とそうでもないようである。

自由気ままな日々を送ったとされる良寛でさえ、「何ごとを営むとしもなけれども　閑《しず》かにくらす日こそすくなき」としている。

注意しなければならないのは、「隠居」は「死に向けてのモラトリアム」ではないということである。むしろ、人生における1つのターニングポイントとして、よりアクティブなとらえ方をするべきであると考える。

大切なのは、「老いを受け止める」ということ。ただ決してネガティブであってはならない。老いにしたがい、老いを毛嫌いするのではなく、自分のものとして受け止める一方で、自然体でさらに新しい老いを求めるという姿勢が重要である。

以上　参考：生老病死「生活の中の仏教」◆老いに対する態度◆◆レジャーと隠居◆
http://hotokuji.com/syoroubyourosi.html　2022年7月14日閲覧

●台湾におけるセカンドライフのとらえ方

また現代においては、台湾のセカンドライフのとらえ方が参考になる。この事例はより具体的であり、特に我々の日々の暮らしに即活用できるものも多いように思う。

まず言えるのは、台湾の人たちの「セカンドライフ」についての考え方である。

日本の場合、セカンドライフと言えば、ほぼほぼ定年後(60〜70代)を意味する。

しかし、台湾では多くの人が子どもの一人立ちするタイミング、つまり40〜50代を区切りとして考えているといわれている。

そして、セカンドライフを有意義に過ごすために、自分にとっての新たな役割や趣味などを真剣に考え、その下準備に時間をかけて取り組んでいる。

さらにはこうした動きを社会全体で後押ししているという。

まずはその前提から、日本と決定的に異なっていることに注目すべきだろう。

そういう背景もあってか、「余生を全力で楽しもうとする」「楽しく、ムリなく　みんなの欲求を共存する」のが台湾のスタイルである。

高齢化についての基本的な考え方は

①役割を持つこと
②身体を動かすこと
③新しい力を身に付けること
④人とコミュニケーションをとること

の4つである。

この4つの積み重ねが、心豊かなセカンドライフを育み、健康寿命延伸につながると考えられている。

具体的な取り組み事例が何とも興味深い。

例えば「台湾一周のバイク旅（不老騎士《ふろうきし》）」

「バイクで台湾を一周したかった」という、老人ケア施設を利用する一人の男性の声（夢）をスタッフが形にしたもの。「若かったらできたのに」という考え方が老いにつながるのではという発想から、高齢者のためのバイクツアーを企画。大きな反響を呼んだとのこと。こうした動きは今日では野球、演劇、サーフィンなど他の多くのジャンルにも広がっているそうである。

その他にも、子どもが巣立って時間を持て余しているシニアが台湾の家庭料理の腕前を披露するレストランがあったり、デイサービスに通う高齢者の得意分野を生かしたワークショップを企画し、シニアを講師として招く取り組みがあったり。また認知症患者と家族・介護者が一緒にお菓子作りをする中からコミュニケーションを深め、最終的に当事者のためのお菓子作りキットの商品開発につながったりするなど多くの取り組みや、いろいろな分野での先進事例をみることができる。

台湾の高齢者対応は非常にポジティブである。創意工夫に満ち溢れている。家族、地域、社会が、当事者に寄り添った形での取り組みがなされている。

一方、日本ではどうだろうか。「一億総活躍社会」と心躍るようなスローガンはあっても、それが本当に高齢者にとってのＱＯＬ（生活の質）向上につながっているとは現段階では思えない。

台湾のセカンドライフの事例は、今そしてこれからの日本に対する具体的なメッセージとなるように思う。

以上　参考：なかまぁる『認識をひっくり返す　セカンドライフに全力投球　台湾の高齢者前編』

https://nakamaaru.asahi.com/article/14352151　２０２２年7月18日閲覧

参考：なかまぁる『楽しく、無理なく　みんなの「欲求」大切に共存　台湾の高齢者後編』
https://nakamaaru.asahi.com/article/14352161　2022年7月18日閲覧

歴史、思想、社会システム。

以上の「3つのヒント」から私が強く感じたのは、「老年期を諦めることなく、むしろそれを逆手にとって、いかに人生を楽しいものにするか」ということである。それが「3つのヒント」に共通したテーマであると考える。

見逃してはならないのは、その裏側にある「(老年期における)ワクワク感」というキーワードである。

この「ワクワク感」こそ、老年期をよりアクティブに過ごすための必須マインドであるように思う。

そして私が見出したのは、読書によって得られる、この「ワクワク感」である。ワクワク感がなければ、アタマで必要な知識とわかっていてもモチベーションは高まらないし、何より楽しくないと考えるからである。

(2)「イライラ」から「ワクワク」へ
～ワクワクする知的で素敵なシニアライフを目指して！～

ワクワク感。

世の中全体が「イライラ」しているせいか、最近よく聞く言葉である。

オンライン辞書サイトによると、「ワクワク感」とは「高ぶっている感情」のことであり、類語・類義語・言い換え・同義語には「高揚した気分・興奮・ハイテンション・ハッスル・武者震い・うわずった気持ち・うわずった気分・ハイな気分・高揚感・ハイな心理状態・興奮状態・浮き立つ思い・ルンルン気分」などがある。

シニアライフに照らしてみると、「知的興奮や楽しみ」「チャレンジする心」をあらわす言葉であると考える。「ワクワク感」はよくいわれるようにアドレナリンを高める心の表現であり、年齢とともに感動が少なくなりがちなシニアの生活を豊かに楽しくするためのもっとも重要なキーワードであるともいうことができる。

もちろん、何をもってワクワクするかは人それぞれである。インドア派の人、アウトドア派の人、そしてSNS派の人など、行動パターンによっても異なることを理解しなければならない。

ここに1冊の本がある。

古沢良太『Q～こどものための哲学　なんで勉強しなきゃいけないの?』(ほるぷ出版2019年)。

この本はNHK Eテレ『Q～こどものための哲学』という番組の内容を書籍化したものである。

子ども目線であることが逆に新鮮でわかりやすい。

この本の中で「いろんなことがわかるとどんないいことがある?」という問いかけがある。

それに答える子どもたちのコメント(P40-45)はとても参考になる。

「いろんなことがわかるとどんないいことがある?

ゆりちゃん:お花がすきなんだけど、きれいないけかたとかわかったら、いまよりもっとすきになりそう!

きよしくん:いろんなことがわかるとやれることがいっぱいふえて、じんせい自由にいきていけそう！

えりちゃん：いろんなことばをおぼえると、いろんな本がよめるから、おもしろいはなしをしることができる」

ある意味、「いろんなことがわかること」がワクワク感の種になるというメッセージである。

大人にとっては当たり前のことかもしれない。が、ワクワク感を覚えるというのは、案外、こうした具体的でシンプルなところにヒントがあるように思う。

それが「知的で素敵なシニアライフ」につながると考える。

私の場合、読書にワクワク感を見出すことができた。本を読むたびに知識が増すような感覚。そこにこの上ない感動を覚えている。さらに言えば、読書は私を前向きにしてくれる。

自分を俯瞰してみるとよくわかる。

表現力が豊かになった。

会話の幅が広まった。

人との会話に少し自信がついた。

これまで考えつかなかったようなことが思い浮かぶようになった。

「もしかして少し賢くなったかな」と実感することも。

ちょっとしたうぬぼれ⁉

そんな「ちょっとしたうぬぼれ」が、今日の私の読書に対するモチベーションを高めてくれている。

個人的には、「とりあえずビール」と言う前に「とりあえず読書」「モーニング・コーヒー」ではなく「モーニング・リーディング」という感じである。

生活のワンシーンに読書を入れることで生活に潤いが感じられる今日この頃である。

読書から得られた「これでいいのだ！」という自己肯定感。「まだまだいけるぜ！」という自己効力感。これらが私の生活をより自信溢れたものへと導いてくれていると言っても過言ではない。

●「ワクワク作り」を考える

また先日、面白い資料を発見した。スポーツ庁の「障害者スポーツ推進プロジェクト」に採択された川崎市の取り組みをあらわした絵本『ワクワクのつくりかた～オープンエアメーカーになろう！〜』（かわさきオープンエアプロジェクト作）である。

子どもが障害者を理解し一緒に楽しむための大切さについて、「ワクワク」というキーワードで解説している。「知らない」というワクをなくし、みんなでワクワクするための、子ども向けのレポートであるが、これがとてもわかりやすく楽しい。

ちなみに、私の読書ライフの入口として共感できるところも多い。参考までに共有したい。

例えば、「みんなが　ワクワクできること　どうやったらみつけられる？」という問いに対して、

「はんたい」をはっけんする　例　みじかい↓ながい　おおきい↓ちいさい　まえむき↓うしろむき

「にている」をはっけんする　例　なげる↓ころがす　たつ↓すわる　しかく↓まる

「つづける」をはっけんする　例　1かい↓なんかいも　ひとりずつ↓みんなで　ばらばら↓つなげる

一見、平易な言葉であるが、この3つをどこまで掘り下げることができるか。

表現を変えて言えば、

はんたい＝対称性　↓今までの自分の選択と違うこと・反対のことを考える
にている＝類似性　↓ちょっと違った角度から考えてみる、視点を変えてみる
つづける＝循環性　↓続けること、発想を深めること、広めること

（この発想の仕方は、太刀川英輔『進化思考』（海士の風　2021年）によく似ていることを付け加えておく）

このレポートのポイントは、多面的にものごとを考える、ということだろう。

そしてどのポイントに、一番共感することができるか。ワクワク感を探し出すことができるか。

それが「知的興奮と楽しさ」「チャレンジする心」につながる。そこに「知的で素敵なシニアライフ」のヒント（発想のとっかかり）を見出すことができると考える。

みなさんも、ぜひ自分の生活を振り返ってみてほしい。

ご自身の趣味や嗜好、好きなこと、興味のあること、あるいは考え方などをリストアップし、それを3つのポイントで因数分解した時に、意外と今まで自分が気づかなかったところに「ワクワク」を発見することができるかもしれない。

私の場合で言えば、これまでも触れてきたように、仕事以外の本はほとんど読まなかった。正直、だからと言って別に何の不自由は感じなかった。特に困ったこともなかった。

それがこの歳になって読書をライフワークとして考えるようになったのは、1つには「読むことが楽しい」ということを発見し、「読書することでちょっと賢くなった」といううれしさを感じたことである。

実は、退職後もオンライン会議などで、尊敬する元上司と連絡を取っている。その中で、元上司から「自分が参加している勉強会で、森本あんり『不寛容論~アメリカが生んだ「共存」の哲学~』(新潮社　2020年)が話題になっている」という話を聞いた。

当初は何にも思わなかった。もともと読書が苦手だったので「どうせ自分には難しいだろう」と関心も示さなかった。が、何気なく見た書籍通販サイトに掲載されたカバーデザイン。「ちょっと知的でかっこいいな」という不純な動機に誘われて思わず購入。「1600円(税別)? 高いな」と思いつつも、到着するなり読み始めた。すぐに後悔。やはり難し過ぎる。

それでも気を取り直して読んでいくと、高校時代、世界史で学んだ清教徒革命の記載に、ささやかな喜びを感じた。さらに読み進めると、最終的に「寛容性を求めてアメリカに移住したはずの清教徒が、アメリカの地で他者に対して不寛容になっている」という内容を理解した（本来はもっと深い意味や内容なのだろうが）。

自分なりにそうした著書のテーマめいたものを実感した時に、言葉にあらわせない達成感・充実感を覚えることができた。さらに「キリスト教を理解しないと、欧米の話にはついていけないいな」と強く認識することとなり、キリスト教が新しい読書テーマになっていった。このように自分を客観的に眺めることで、「もしかして少し賢くなったかも」という境地に立つことができた。

つまり、そもそも読書は苦手だったが、「読書は達成感や充実感を味わうことができる」と実感した。「はんたい（対称性）」を発見した、ということになると考える。

この経験が私に火をつけた。

著名人の著書について、サイトで検索することが楽しみとなった。

例えば、知人から案内された外山滋比古氏。文学博士・評論家・エッセイストとして著名な方であることは知っていた。しかし著作を読んだことはない。それならば、という連想ゲームの末に、手頃なものを購入。

外山滋比古『こうやって、考える。』（ＰＨＰ研究所　２０１７年）。価格は１２００円（税別）。これまでの経験からやや割高であったが、何より「タイトル＋メッセージ」で1ページあたりの文字数も少ないため、スムーズに読み進めることができた。1日で読み終えた。ここでもささやかな達成感。

さらに外山滋比古『ライフワークの思想』（筑摩書房　2009年）を購入。こちらはやや難しかったが何とか読破。

結果として著名人のエキスを多少なりとも享受したような満足感。この段階ですでに私の読書に対するワクワク感は、レベルをどんどん上げていった。

『不寛容論』を基準に考えたら「にている（類似性）」ということになると思う。

そして、今度は書評で気になった脳科学関連の本を数冊続けて購入。すべて一気に読破。達成感とともに、「もしかしたら、いよいよ賢くなり始めたかな」と思う瞬間がそこにあった。

まさに読書を「つづけている（循環性）」という環境の基礎ができあがった。

もはやこの段階で、私はすでに「リーディング・ハイ」である。そして、この状況が今日まで続いている。

この一連の流れが、今日の私にとってのワクワク感の原点であるとともに、「読書をライフワークにしようと思った第一歩」であった。

非常にレベルの低い話で恐縮だが、私の場合、知的好奇心に対する発火点はすぐ近くにあった。

みなさんも、ぜひ知的好奇心を刺激する「発火点」を探してみていただけたらと思う。案外近いところにあるのでは？ それが「読書」とつながるきっかけになることも多いように思う。

(3)「読書が苦手な人」「老後に不安を感じている人」集まれ！
～「ワクワクリベンジ読書宣言！」～

少し話は逸れるが、ここではタイトルに「リベンジ」を入れた、私の思いから書き進めたい。

会社を退職された方。

一抹の寂しさを感じておられないだろうか。特に長らく管理職や経営者として活躍し引退されたばかりの方。以前のように声をかけたらすぐに動いてくれる人もおらず、家庭では奥さまがきちんと返事もしてくれない。当然、お取引先の方は見向きもしてくれなくなる。部下だった人も、退職後しばらくは気を使ってくれても、だんだんと疎遠になる。こちらから呼びかけても、いろいろと都合をつけて結局は断られる。

「名刺と職位の力」をまざまざと見せつけられる。

それが現実というもの。私もそうだった。

それでも、現役時代から自分の趣味を持って活動されたり、同じ趣味仲間と交流している方はいい。

私の場合はそもそも無趣味。仕事しか脳がない（仕事ができたかどうかは別問題）。地域活動もほとんどしてこなかった。そんな自分が「いまさら何か趣味を持とうと思っても……」「とりあえず読書？　興味ない。面倒くさい」などと退職直後はやや悲観的に考えていた。

同類項の方もおられないだろうか。

そんな方々へ。

「読書を通じてのリベンジ（リベンジ読書）」をお勧めしたいのだ！

「リベンジ」とは「仕返しをすること。復讐。雪辱」（松村明編『大辞林　第四版』P2876

三省堂　２０１９年）という意味であり、転じて「やり遂げられなかったことや失敗したことに再挑戦すること」と考える。

では、ここで言う「リベンジ読書」とはどういうことか。

「リベンジ」の内容は人それぞれだろう。「無趣味だった自分へのリベンジ」「読書を楽しめなかったことへのリベンジ」「そもそも読書に関心を示さなかったことへのリベンジ」など。

私の場合は「これまで読書から逃げ回っていた自分」に対するリベンジである。

少なくとも私は、「リベンジ読書」によって新たな人生を歩み始めている。ある意味で、「人生のリベンジ」とも言える。

私のように読書が苦手で読書と疎遠な方でも、読書の深みや醍醐味を感じながら、定年後・現役引退後の生活に潤いを実感することはできる！

それが私からの提案である。

かく言う私も、これまで偉そうに語ってきてはいても、まだまだ「読書初心者」と思っている。ただ初心者でも初心者なりの読書の楽しさを強く感じているのは事実。

初心者による、初心者のための読書。

騙されたと思って、ご一緒に「ワクワクリベンジ読書」を楽しんでいただきたい。

●いわゆる読書の効用

みなさんは読書に対してどんなイメージをお持ちだろうか。

孤独で孤立した引きこもりがちの、非運動系で、健康によくないくら～い趣味？（「インキャ」と言うらしいが）

あるいは病弱な人が一人でひっそりと楽しむもの？

ちょっと極端かもしれないが、そう感じている方も案外多いように思う。

実はそうでもないようである。

いくつかデータを掲載するので参考にしてほしい。

こんな調査がある。

65歳以上の方の趣味としては、何と「読書」は第2位！（平成28年総務省「社会生活基本調査」）

正直言って、これは意外だった。

ちなみに第1位は「園芸・庭いじり・ガーデニング」

3位以下は「映画館以外での映画鑑賞」「美術鑑賞」「映画館での映画鑑賞」「遊園地、動植物園、水族館などの見物」「カラオケ」と続く。もう少しカラオケが上位かと思ったが、そうでもないようだ。

また「健康で長生きする人が全国1位は山梨県」（NHKスペシャル『AIに聞いてみたどうすんのよ!?　ニッポン』2018年放送）という調査がある。

実は山梨県は「運動・スポーツ実施率全国最下位」

しかし「人口あたりの図書館数は全国一位」

番組によると、「（図書館内をよく歩くため）本を探すことでいい運動になる」という声もあり、読書が身体を動かすきっかけになっている。読書を軸に活動するシニアが元気であると推測される。

その他にも、「外出しない人は物忘れ、生活機能などのリスクが2倍になる」（星城大学リハビリテーション学部　竹田徳則氏の調査）という結果もあり、本をきっかけに外へ出ることで脳も身体も活性化され、若さを保つ秘訣になるともいわれている。

以上　参考：埼玉県共助の総合ポータルサイト

https://kyojo.saitamaken-NPO.net/100lab/kounou-case8.html　2022年8月14日閲覧

私もよく「本ぶら（書店回り&本のウインドーショッピング）」をする。特に買うもの・買いたいものがなくても、書店を回りながら本を立ち読みするのが趣味になっている。

ちなみに、図書館を含めた我が家の回りの書籍環境は比較的恵まれている。徒歩10分圏内に図書館と書籍チェーン店が2つ、徒歩35分で別の図書館、徒歩45分で大型の書籍チェーン店、さらにそこから5分歩いて格安書籍店がある。

中でもちょっと離れているが、大型の書籍チェーン店は文庫・新書が充実しているため、よく立ち読みに行く。

結果としてけっこう歩く。先日計測したら、店内での移動も含めて自宅から往復で約1万歩になった。

こうして考えると、あえて「健康のためにウォーキングを！」とがんばらなくても、趣味と実益を兼ねたアプローチになっているのだな、と改めて認識した。

さらに、こんなレポートも。

読書には、認知症を予防したり、死亡率を下げたりする効果もあるとのこと。

一般に認知力は年齢とともに低下するといわれている。

「認知力」とは簡単に言えば、「記憶力・理解力・集中力」をはじめ「判断力・想像力・推理力・言語能力」などを意味する。

加齢によって低下する認知機能。それを鍛える方法の1つが「読書」であるという。

読書は想像力を必要とする。活字を1つ1つ追いながら、小説であれば情景描写や登場人物の気持ちをイメージする。歴史書にしても当時の背景などを想像しながら読み進める。そうした行為が脳全体を活性化しやすくする。

そしてその結果として、集中力や記憶力も高まることになり、認知機能の低下、つまり認知症予防・改善を期待することができる。そればかりか、感情移入するという行為は、うまく言葉にできない不安や、モヤモヤした気持ちを吐き出すきっかけになるため、読み手のストレス発散にもつながるという。

ご存じのように、ストレスはうつ病のもとでもある。読書を通じてうつ病の予防・改善にもつながることも期待されている。

また、読書を習慣にしている人は、読書しない人に比べて死亡率が低いとのこと。読書による脳の活性化が死亡リスクを下げている可能性もあるとされている。中でも、新聞・雑誌よりも小説・ノンフィクションの方が効果的ともいわれている。

以上　参考：家族の介護と健康を支える学研の情報サイト『健達ねっと』
https://www.mcsg.co.jp/kentatsu/dementia/12572　２０２２年8月14日閲覧

特に名著といわれる小説は想像力・集中力を掻き立てる。

例えば、ドストエフスキー『カラマーゾフの兄弟』(新潮社　1978年)。上巻は登場人物の紹介がメイン。ロシア人特有の長く舌をかみそうな名前と、キリスト教に関わる記載もあり、すぐに眠くなりなかなかページが進まなかった。しかし、中巻以降、まるで推理小説のような展開となり、さらに個性的な登場人物の会話や関係性、心模様がイメージされる。そう、映画を見ているような感覚となり、一気に下巻まで読み進むことができた。

今にして思えば、村上春樹の著書に何となく似ているようにも思う（あくまで個人の感想であるが）。

またドイツの哲学者ショウペンハウエルは自著『読書について』(岩波書店　1960年)で思索する読書をアピールしている。「熟慮を重ねることによってのみ、読まれたものは真に読者のものになる」としている。つまり「考える」という行為をしなければ、知識として蓄積もしなければ、それを智慧に変えて生活の充実をはかることができないということなのだろう。

さらにショウペンハウエルは、蓄積された知識によってもたらされるものを「会話の才」としている。

「会話の才を決定する要素は、第一に知性、判断力、活発な機知というようなもので（中略）第二には時には会話の素材、相手と話を交える時の話題、つまりその人の知識も要素として重視される」としている。

「知的である」とか「話題が豊富である」ということは、一方で「熟慮した読書」の結果としてもたらされるということなのだろう。

自分の考えを持ちながら読んだ本は記憶に残りやすい。

「自分の考えを持ちながら読む」とは、仮説を持って読むことである。特に小説の場合は、単に物語の筋を追いかけるのではなく、作者の生きざまを考えながら「ここでこういう表現になるのは、作者のこういう背景が関係しているのではないか」などを意識しながら読み進めると、さらに味わい深い読書を楽しむことができる。それが読書の醍醐味でもあるのだろう。

このことは読書会などで読書を学んできた私自身が実感していることである。

そして、知人・友人との会話の中でも関連した内容になった時には、読書によって取得した「知識の引き出し」から引き出すようにしている。

これが、前にも語った「ちょっと賢くなったかな」とうぬぼれる瞬間でもある。

●「名作」との出会いを！

ショウペンハウエルは「ギリシア・ローマの古典にまさるものはない。たとえわずか半時間でも、古典の大作家のものであればだれのものでもよい。わずか半時間でもそれを手にすれば、ただちに精神はさわやかになり、気分も軽やかになる。心は洗い清められて、高揚する。旅人が冷たい石清水で元気を回復するようなものである」（『読書について』Ｐ１３９　岩波書店　１９６０年）としている。

私自身、ギリシア・ローマの古典は難解であまり読んでいないが、要は「名作を読みなさい」ということと理解している。

それでは「名作」とは何か。「ギリシア・ローマの古典」というだけではなく、古今東西の代表的な文学作品や話題作も含まれると考えるが、それは拡大解釈し過ぎだろうか。

私の場合、名作との出会いのアドバイザーは、「信州読書会」というｗｅｂ活動を中心としている読書会である。

ここでは『楽しく読書』『楽しく学ぶ』をモットーに国内、海外の近代文学や古典文学の作品を精読している。併せて課題図書を精読した音声講義や作品の朗読なども随時行っている。

メインとなるのが、毎週金曜日の夜のオンライン読書会。課題図書について会員の方から寄せられる読書感想文をもとに、主宰者のコメントや作品分析などがある。投稿される方々の視点には学ぶべきものがある。「なるほど、この作品はこういう見方もあるのか」「この時の登場人物の気持ちはこういうことなのか」など、毎回目からうろこである。

さらに主宰者の方の幅広い読書歴からの深い作品分析。これはちょっとした大学の講義でも聞くことのできない、知見とウィットに富んだ内容である。時に横道・脱線もあるが、そこもまた魅力的である。

特に主宰者の分析コメントの中で、よく課題図書以外の参考作品を案内される。私としてはこれがたまらない。私の知らない名作ばかりである。思わず翌日購入に走ったことは何回もある。これが私の読書熱をさらに掻き立てる。

その他にも「雑談」や「精読コンテンツ（有料）」をはじめ数々の魅力的なサービスもある。

「雑談」は書籍の紹介・解説や主宰者が日々考えていることをライブ配信している。視聴者がチャットを使うことで双方向のコミュニケーションも楽しむことができる。

「精読コンテンツ」は主宰者の知見を強く感じるところである。1つのテーマについて、書籍をもとに何十回にもわたって解説・評論・分析しコメントしている。

私も「フランス革命」についての精読コンテンツを購入した。桑原武夫責任編集『世界の歴史〈10〉フランス革命とナポレオン』(中央公論新社　1975年)と安達正勝『物語フランス革命』(中央公論新社　2008年)をもとに、1回40分くらいのものを100回以上にわたって解説している。

主宰者は「フランス革命がわかれば西洋文学がわかる」「フランス革命がわかれば政治の仕組みがわかる」と述べていたが、まさにその通りであると思う。

このコンテンツは、いわゆる歴史の授業ではない。フランス革命を通じての文学的な情報も案内してくれる。ディケンズ『二都物語』(新潮社　2014年)、アナトール・フランス『神々は渇く』(岩波書店　1977年)、モーパッサン『脂肪のかたまり』(岩波書店　2004年)、オルテガ・イ・ガセット『大衆の反逆』(岩波書店　2020年)……。

どんどん私の知的好奇心を刺激してくれた。それと同時に「フランス革命」を教科書とは異なる視点から深く考えることができたのも大きな財産である。

まさに信州読書会が、私の名作との出会いを促してくれた。この出会いがなければ、特に西洋文学の名作とはいまだに疎遠なままだと思う。

　とは言っても、「名作」の定義は難しい。個人の考え方もある。当然、意見の割れるところである。

　ただ、「ワクワクリベンジ読書」を進めるにあたっては、「古典（国内外を問わず、古くから今日に至るまでのベストセラー）」や「歴史・文化」を切り口とした書籍を特におすすめしたい。想像力を掻き立て、知識の蓄積につながるものから始められた方が、読書を身近に感じることができると思う。

　仕事の関係で経済・経営関係の著書を読まれる方も多いと思うが、あくまで「日々の暮らしに潤い」を与えるものとして、まずは「古典」「歴史・文化」をテーマとしたものをお読みいただけたらと考える。

　また、より手軽に読むためにも、単行本ではなく文庫本、大きくても新書がよい。Gパンの後ろポケットに文庫本があるというのも、スタイリッシュである。あるいはジャケットの内ポケットに文庫本や新書を忍ばせておくのも、いつでも・どこでも・好きな時に読書ができる体制作りにもなるだろう。ちょっとした「シニアの身だしなみ」と言ったら大袈裟だろうか。

こうしたところにも知的で素敵なシニアライフの一端を垣間見ることができるように思う。

まずは生活の中に読書を取り入れて知識を取得し、知識を日常生活の智慧として生かしていくことが重要である。そうした一連の活動こそが「ワクワクリベンジ読書」であると考えている。

一人でも多くの方とこの思いを共有できたら幸いである。

第二章

ワクワクリベンジ読書の進め方

この章では、「ワクワクリベンジ読書」の進め方について、私の考えを述べてみたい。

ここで述べるのは、私が今日まで実施してきた内容である。もっといろいろなやり方があると思うが、私の事例を読んでいただき、「自分ならこうする」とか「自分の場合はこういうやり方がいいと思う」というように、みなさんのオリジナルを作っていただけたらと思う。

(1)ワクワクリベンジ読書を継続するための仕組み作り

●「宣言すること」と「習慣化」

「ワクワクリベンジ読書」は継続させることが大切だ。

そのためにも、しっかりとした継続のための仕組み作りが不可欠である。

仕組みというと、何か大袈裟な感じはするが、ポイントの1つは「自分がワクワクすることを、いつ頃までにこうするよ!」と宣言することである。

「ワクワクするのは自由が前提だろう」と言われる方も多いと思われる。「宣言する」というのは、制限するようでナンセンスなように思われるかもしれないが、これは定着させるための手段である。人間とは弱いもので、うまくいかなくなると言い訳をしがちになる。そして一度流れが途切れてしまうと、あとはズルズルと悪い方向に行ってしまうことが多くなる。私自身がそうだった。

継続の仕組みが確立し習慣化したら、そのあとは自由にすればいいと考える。

宣言の内容も、いろいろあるだろう。

私の場合であれば、「2年後までに、文庫100冊、新書50冊読むぞ！」「今年中にトルストイ『戦争と平和』（新潮社　1972年）を読むぞ！」といった中長期的なものから、「今週中に梶井基次郎《かじいもとじろう》『Kの昇天～或《あるい》はKの溺死』（『檸檬』に所収　新潮社　1967年）を読むぞ！」という短期的なものまで。

私も、気の許す人を中心に可能な限り多くの人に、読書ストーリーを伝えるようにしている。案外そういう中から、「○○という作家の△△という作品は読みごたえがあった」とか「□□という書籍は評判がいい」など、自分が知らない分野の情報をもらうこともある。

第二には、習慣化のためのコツを理解することである。

参考までに、私なりにこれまで実施してきたものを書き出しておく。ただ、これはあくまで私にとってフィットしているものである。ぜひみなさんの考えや環境にあったものを編み出してほしい。逆にご意見・ご提案があれば教えていただきたいと思う。

私の場合、まず「始める」こと。

「続ける」ことを意識するのではなく、まず始める、第一歩を踏み出す。動くことから始めてみる。

スタートしてしばらくは気分が乗らないことも多いが、気にせず進める。

決まった時刻に。

「時刻」を意識することは習慣化の肝。身体に覚えさせることが重要。最初のうちは5分前にアラームを鳴らしながら、とにかく始める時刻を意識する。

とにかくハードルを下げる。

1日1ページでもよい。最初は割り切って考える。継続することが自信になり、自己肯定感につながる。それが習慣化の大きなポイントとなる。

進捗報告する。

宣言した人へ印象に残ったメッセージやキーワード、コメントなどを、会話やメールの中で伝える。あるいはSNSなどにアップしてみる。激励の言葉や「いいね！」がさらに自信になる。

3日坊主でも気にしない。

3日継続したことを誇りに感じる。継続が途切れた時には気分転換を。

むしろきっちりとした計画を立てると、一度崩れると戻れなくなるので、慣れるまでは3日坊主を前提に3日おきに1日の休みを入れてみる。

以上のような内容で動いてきた。

要は「身の丈」ということ。

私の場合は、能力が高くないのだから、まず自分でできそうなことを考え実施することにした。不思議なことに、いつの間にかそれが習慣化していることも多い。

そうなったら、今度は自分のやりやすいように仕組みを変えればいい。

⑵ワクワクリベンジ読書の心構え

●無理しない・妥協する・悩まない

ここでは「⑴ワクワクリベンジ読書を継続するための仕組み作り」で述べた内容を具体的

に説明しよう。

特に重要なのは「心構え」である。

「心構え」というと、何となく堅苦しい感じもするが、読書を進める上での必要条件であると理解していただきたい。

簡単に言うと「無理しない」「妥協する」「悩まない」ということである。ある意味で、それは「習慣化のコツ」と同じと言ってもいいだろう。

まずは大前提として、計画段階で「無理しない」こと。

私の場合、恥ずかしいことに読書を始めた当初は、まだまだ会社員時代の癖が抜けず「1日100ページ読む」とか「1週間に3冊読む」など、とかく壮大な計画を立てがちであった。そしてちょっとでも計画が狂うと、気持ちが萎えてしまい、「やっぱり読書は自分には向かない」と諦めることが多かった。

これでは読書を継続することはできないし、仮に高い目標をクリアしたとしても、それだけで疲れてしまい、挙句の果てには本を見るのもいやになってしまうだろう。

大切なのは、読書についての「自分なりのスタイルを持つ」ことである。

一見、当たり前のことのように思われるが、このことは読書活動をスムーズにするためのカギを握ると考える。

①買うのか、借りるのか
②書店で買うのかネットで買うのか、あるいはその両方か
③紙の書籍か、電子書籍か
④全部読むのか、辞書として読むのか
⑤短編メインか、長編メインか
⑥読むペースはどう考えるか

などいくつかのポイントがある。

これらの点については、みなさんにも考えがあると思う。また、近隣に書店や図書館があるかなどの環境によっても異なってくるだろう。

私の場合は、「読書会や書店で面白そうな書籍情報を収集。ネットでネタバレ情報を確認してから、よく考えてネットで購入」という方法を基本にしている。

電子書籍にも興味はあるがまだ経験はない。ただよく電子書籍を使う知り合いの方によると、「コンパクト」で「画面を拡大できる」ところが気に入っているという。興味のある方は参考にしてほしい。

本の読み方としては、小説や随筆、論説文などは最初から最後まで読んでいる。実用書的なものや参考書的なものは、「辞書」のように、調べたいところや気になったところだけ読むようにしている。

中でも小説は、短編を基本にしながら、自分自身の気分が盛り上がった時に長編にチャレンジしている。特にこれから小説を読もうとお考えの方。まずは名前を聞いたことがあり身近に感じるものとか、10～30ページの超短編小説から始めて、180ページくらいの短編小説へと少しずつペースアップしていくことをおすすめしたい。

また読書は、本の種類や難易度によっても、読むスピードは変わってくる。

最初のうちは、「読書時間」と「1日の読むページ」についての目安を設定したらよいと思う。そして、その目安はゆとりを持たせるように注意する。

例えば、私は1日の読書時間は最初のうち「20分から60分（基準は30分）」にしていた。

読むペースは

文芸書は「1日20～50ページ（基準は30ページ）」

やや難解な哲学系・人類学系は「1日15～30ページ（基準は20ページ）」

歴史小説は「30～60ページ（基準は40ページ）」

何とか目標の基準となる時間とページはクリアしたいところであるが、私は、せめて最低目標をクリアすることを中心に考えた。そして気分が乗った時に基準を超えて読み進むようにしていた。

それでも、哲学系・人類学系の書籍などは眠くなりがち。特に前の晩、あまり眠れなかったり疲れ気味の時は、読書開始5分でウトウトしてしまうことも。そんな時は無理せず読書は中止。しばらくスマホを眺めたり、他の作業をして、気分が乗ってきたら再び読書を始めるようにしている。

それでも気分が乗らない時は「妥協する」。

その日の読書は諦める。ダラダラ読み続けていても意味がない。

こうした割り切りは、特に「ワクワクリベンジ読書」の初期には重要である。「苦手な読書」が「嫌いな読書・大嫌いな読書」になったら逆効果である。

私はよく近所の喫茶店で読書するが、今でも気が向かない時は、スパッと読書を諦め、本そのものをしまい込み、コーヒーやBGMを楽しむようにしている。

そして、最後は「悩まない」こと。

高い目標を立て過ぎた。読書を中断してしまった。難解な本やページ数の多い本、高価な本を買ってしまった……。

悩んでも仕方がない。過ぎたことは終わったこととして、それ以上悩まないことである。後ろを振り返らない。悩みは「ストレス」につながる。ストレス解消につながる読書でストレスを感じていては、元も子もない。

また意外に多いのが、購入に際しての迷いである。

買ったはいいが、読まずに積読になるのはもったいない。しかも価格の高いものならなおさらだ。図書館で借りるのもいいが、いつも読みたい本があるとは限らない。

ここもポイントは「悩まない」こと。割り切ることである。

私の場合も積読だらけ。40～50冊くらいはあるだろうか。もっとあるかもしれない。ただ、「積読」は自分自身にとって「ここまで読書を楽しもうとした」という意欲のバロメーターとして、むしろ「誇り」に思っている。勝手な屁理屈であることは重々承知しているが、とにかく悩まないようにしている。

ただし、できるだけ事前に書籍についての情報を集めて、のちのち悩まないようにする努力は必要である。

この点については、次の「ワクワクリベンジ読書の5ステップ」の中でご案内する。

「無理しない」「妥協する」「悩まない」

「ワクワクリベンジ読書」のスタートにあたって、ぜひ参考にしてほしいキーワードである。

(3)ワクワクリベンジ読書の5ステップ

読書が苦手という方や読書初心者の方に「ワクワクリベンジ読書」を楽しんでいただくためには、ステップを踏みながら考えた方がよい。

「まず読もう」→「慣れよう」→「考えよう」→「表現しよう」→「深めよう」とする流れがベストであることを提案したい。

①まず読もう

一番大事なのは「まず読もう」である。ポイントは、本についての興味をどう持つかということである。ここでも私なりの経験を書いてみたい。何かのヒントになればと思う。

まずは何を読んだらいいかという書籍の選択について。自分の読みたいものがあればベストだが、「何を読んだらいいかわからない」「どういう風に選んだらいいかわからない」という場合である。

その時は、「ネタバレ」を選択の基準にすることも1つの方法である。私はまさに「ネタバレ」を基本に書籍を選択している（そこは意見が分かれるところだろうが）。

そのためのツールはいろいろある。ネタバレが嫌でなければ、事前に話の大枠の内容（あらすじやテーマ、キーワードなど）を調べてみる。それをもとに、その内容が自分の興味に合致するかを確認する。

簡単なのはネットやSNS、解説本を活用することである。いわゆる名作といわれる作品はだいたいの背景や内容はオンライン百科事典などに記されている。あるいは、書籍紹介サイトや書評案内の専門誌、解説本などで、識者や作品を読んだことのある人の感想や評価を確認することができる。

そこでは、作品を読むにあたってのいろいろなポイントを理解することができ、とても参考になる。

その他にも見落とされがちなのは、書籍（文庫本の場合）の裏表紙にあるいわゆる「裏コメント」や「帯ＰＯＰ」。それぞれ正式名称はわからないが、これらには、出版社・編集部としてその本のアピールしたいポイントが書かれている。特に裏コメントはわずか200字ほどだが、その本のエッセンスが凝縮している。見どころが書かれていると言っても間違いない。私も「本ぶら（本のウインドーショッピング）」をする時には必ず目次と裏コメントを見るようにしている。極端に言えば、それだけでその本を読んだ気にもなるし、場合によってはもっと深く読んでみたいと感じることもある。

聞いた話では、裏コメントは出版社の中でも「この道〇十年」というベテランの方が、担当されていたり後進育成として実地指導をされていることが多いらしい。そう考えると、裏コメントはその本の顔であると同時に、その会社（出版社）の姿勢を見ることができるとも言える。

同様に「帯ＰＯＰ」。書籍の下部にかけられている案内ＰＯＰである。その本のキャッチフレーズや、セールスポイントが書かれている。ここを見るだけでも楽しい。編集者の方のセンスを確認することができる。

以上、「何を読んだらいいかわからない」という方向けのポイントを記載したが、具体的な作品を例にとって確認してみよう。

例えば、**ドストエフスキー『カラマーゾフの兄弟』**（新潮社　１９７８年）。

この作品を例に、読み出し前のネタバレのコンテンツについて具体的に記載する。

1 あらすじ

フョードル・カラマーゾフは地方の小貴族。好色家で、淫蕩の限りを尽くし自堕落な生活を送っていた。

最初の妻との間に長男・ドミートリイを、2番目の妻との間に次男・イワン、三男・アレクセイをもうける。

妻は二人とも早々に亡くなっている。

残された兄弟は父親から育児放棄され、親戚や篤実家に育てられる。成人した兄弟は父親のいる街へ帰ってくる。

退役軍人の長男・ドミートリイは母親の資産を巡って父親と争う。

無神論者の次男・イワンは、兄に呼び出されるようにして戻ってきた。

三男・アレクセイは、二人より早く戻っており、著名なゾシマ長老のもとで、修道院暮らしをしていた。

その頃、長男・ドミートリイには婚約者であるカテリーナがいたが、この街に暮らしているグルーシェニカに熱烈に恋してしまう。

彼はグルーシェニカと一緒になるため、母の財産分の金額三千ルーブルを手に入れ、カテリーナへ借金を返済し関係を清算しようとしたが、父親であるフョードルもグルーシェニカを自分のものにしようと画策。

財産と女性を巡る彼らの葛藤は、日に日に激しくなる。

ある晩、父・フョードル・カラマーゾフが何者かに殺害され、家にあった三千ルーブルが盗まれる。

その日にフョードルの家に忍び込んだドミートリイが犯人として疑われる。

ドミートリイは裁判にかけられる。三兄弟は、フョードルの私生児と噂されるカラマーゾフ家の従僕・スメルジャコフが犯人であると主張するが、スメルジャコフは裁判の前日に自殺する。

裁判中、ドミートリイは無実を主張。しかし、当初から有罪を望んでいた検察側と法廷の思惑もあり、結果は有罪に。懲役20年のシベリア流刑の判決を受ける。

判決後、婚約者であったカテリーナやイワンはドミートリイの無実を信じ、彼に脱走をすすめるが、ドミートリイは思い悩み、自らの十字架を背負うべきか、アレクセイに自らの想いを吐露するのであった。

2 作品についてのコメント

著名なところでは、ロシア文学者の亀山郁夫氏。

「この小説の中心をなすテーマは、ずばり『父殺し』です。（中略）『父殺し』のテーマこそは、彼がひとりの人間として長く抱え込んできた自伝上の秘密と、同時代のロシアがはらんでいた問題とを一つに結ぶ最大の、そしてもっとも切実なテーマだったからです」

（亀山郁夫『集中講義　ドストエフスキー　五大長編を解読する』Ｐ１８９　ＮＨＫ出版　２０２１年）

また同じくロシア文学者の沼野充義氏。

「すべてを呑み込むような『全体小説』である。ここには愛と憎しみ、淫蕩と純潔、金銭欲と殺人、悪と恥辱、無神論と信仰、国家と教会、人間の低劣さと高潔さが詰まっており、その作品世界ははるか後に生きる私たちさえ射程に入れている」

さらに作家の坂口安吾は次のように語っている。

「僕がドストエフスキーに一番感心したのは『カラマーゾフの兄弟』だね、最高のものだと思った。アリョーシャなんていう人間を創作するところ……。アリョーシャは人間の最高だよ。涙を流したよ。ほんとうの涙というものはあそこにしかないよ」

（小林秀雄『小林秀雄対話集』P31－33　講談社　2005年）

同じく作家の遠藤周作のコメント。

「『カラマーゾフの兄弟』や『悪霊』のような根源的な観念をまるで核の分裂のように吐きだせる人物を今の私の力倆ではとても、創作できるとは思えない。小説技術的にも何とすごい作家だと思った」

（遠藤周作『遠藤周作文学全集13』P54－55　新潮社　2000年）

以上　参考【カラマーゾフの兄弟とは】あらすじ・学術的考察からわかりやすく解説
https://liberal-arts-guide.com/the-brothers-karamazov/　2022年12月4日閲覧

などがあげられる。

その他、読書会や各種サイトでの既読読者の情報を確認すると

「ミステリータッチで面白かった」「ロシア人独特の名前の難しさはあるが、登場人物の関係性から深い洞察ができる」「作品の裏側にある時代背景や精神文化としての宗教のあり方は参考になる」

などの意見があげられており、読み進めるにしたがって深まりを感じる作品として理解されているようだ。

3 書籍の裏コメント

「19世紀中期、価値観の変動が激しく、無神論が横行する混乱期のロシア社会の中で、アリョーシャの精神的支柱となっていたゾシマ長老が死去する。その直後、遺産相続と、共通の愛人グルーシェニカをめぐる父フョードルと長兄ドミートリイとの醜悪な争いのうちに、謎のフョードル殺害事件が発生し、ドミートリイは、父親殺しの嫌疑で尋問され、容疑者として連行される」

4 書籍の帯POP（表）

「金原ひとみさん（作家）推薦！

上巻読むのに4カ月。

一気に3日で中下巻！へ

（朝日新聞　2006年5月7日）」

帯POP（裏）→表のキャッチフレーズの詳細コメント

「上巻半分読むのに約三カ月。なんだこのつまらなさ！　と彼に怒りをぶちまけもしたものの、もう少し読めば面白くなる、という言葉に疑いを持ちつつも読み続ける事、更に一カ月。上巻の終わり辺りから本当に面白くなってきた事にとまどっている内に、物語は加速していった。（中略）息もつけない展開に思考も止まらず貪るように、中巻と下巻を私はほぼ三日ほどで読み終えたのだ（金原ひとみ　朝日新聞　２００６年５月７日）」

このような形で、ネタバレ情報を整理してみると、作品に対する期待度も高まっていく。正直言って、難解といわれるドストエフスキーの作品も最小限の努力で読み通すことができる気になる。

以下に、『カラマーゾフの兄弟』を読む前の私の感想を簡単に記す。

「だいたいこの作品を攻略するイメージはできた。

キーワードは『父殺し』。ここは特に大切なポイント。

そこに関わる登場人物とそれぞれの関係性を整理することが重要か。

極端に言えば、登場人物の相関図をイメージすることができれば、ほぼ読み終えたも同じような感覚になるだろう。実際に相関図を作ってみてもよいかも。

また単にストーリーを追うだけではなく、その背景にあるロシア社会全体の混乱を歴史と合わせて調べたり、ロシア庶民の精神文化であるキリスト教を押さえることは大きな学びになると思う。中でも、無宗教の自分にとってキリスト教の奥深さは絶好の学ぶ機会である。

読み方としては、上巻が難解のようなので、上巻で登場人物の名前とそれぞれの関係性をしっかりと押さえておくことが必要だろう。特にロシア人の名前は長くて覚えにくい。頭の冴えている午前中に読んだ方がよさそうだ。

中巻以降は推理小説風に読み進めることができるとのこと。

読みながら、歴史や宗教についての要素を加えていけば、さらに楽しい読書になりそうだ」。

ポイントは、ネタバレ情報を分析し、読破するための戦略を立てること。特に作品の周辺情報に詳しい方は、そこに自分の意見を入れて読み進めると、「本と会話」することが可能となり、さらに読書の醍醐味を覚えることもできる。

また、評論やドキュメンタリーなどについては、『カラマーゾフの兄弟』のような名作と比べて情報が少ない。こういう場合は、各種書籍案内、裏コメントや帯ＰＯＰの他、新聞記事での書籍引用も参考になる。

次は、**『「空気」の研究』**（山本七平　文藝春秋　２０１８年）の事例で読み出し前のネタバレを確認してみよう。

この本は、朝日新聞の天声人語に記載されていたところから興味を持った。

「評論家の山本七平はかつて『「空気」の研究』にこう書いた。

日本には『抗空気罪』という罪があり、これに反するともっとも軽くて『村八分』刑に処せられる」

＊「マスク摩擦」というタイトルで、日本のマスク作法の合理性への懸念をあらわす一節として　（「朝日新聞」天声人語　2022年5月23日より）

1　概要

「表題にある『空気』は、もちろん、『空気を読めよ』とか『その場の空気は〜だった』という時の『空気』です。本書は、この『空気』を解釈の鍵として活用した日本社会論です」

（社会学者・大澤真幸『100分de名著　メディアと私たち』P93　NHK出版　2018年）

2　著書についてのコメント

特に前出の大澤真幸氏はさらに分析を加え、わかりやすくコメントしている。

「科学的には到底解明できそうもない『空気』の正体を把握しようというのが、この本のテーマになります。

どのような条件がそろったときに『空気』は『空気』となるのでしょうか。

『空気』の条件を山本さんの議論をもとに整理してみました。

(1)一緒にいるひとたちの間でシェアされる
(2)普遍性がない
(3)一枚岩である
(4)個人の判断から独立している
(5)明示されない

(社会学者・大澤真幸『100分de名著 メディアと私たち』P97－100 NHK出版 2018年)」

その他にも、読書案内サイトや各種情報ツールでの既読読者からは「実社会ではよくあることをわかりやすく解説している」「『忖度』とは『空気』のことと理解できた」「太平洋戦争における『空気』の存在はとても臨場感がありわかりやすかった」など、著書に対する高い評価と魅力を感じる。

3 書籍の裏コメント

「日本において『空気』はある種の絶対権力を握っている……。著者の指摘から40年。現代の我々は、ますます『場の空気を読む』ことに汲々とし、誰でもないのに誰よりも強いこの妖怪を『忖度』して生きている。いまだに数多くのメディアに引用され論ぜられる名著。これぞ日本人論の原点にして決定版である。

解説・日下公人」

4 書籍の帯POP（表）

「誰もが空気を読み『忖度』する現代を予見した日本人論の決定版！」

帯POP（裏）

「以前から私は、この『空気』という言葉が少々気にはなっていた。そして気になり出すと、この言葉は一つの〝絶対の権威〟の如くに至る所に顔を出して、驚くべき力を振っているのに気づく。（中略）至る所で人びとは、何かの最終的決定者は『人でなく空気』である、と言っている。

（本書より）」

これらの情報をもとに、同書を読む前の私の感想は次の通り。

「著者の名前は聞いたことはあっても、ほとんど何も知らない。多くの書籍を出版しているようだが、特にこの本は、メディアや著名人からの評価が高い。とても楽しみな本である。そもそも「忖度」とは「空気」をあらわす語。そして「空気」が日本人の気質をあらわしているとのこと。

「空気」の存在は日常的に誰もが感じているはず。

ネタバレだけでも、読む前にだいたいのイメージはできた。

逆に、「なぜ欧米には『空気』は存在しないのか」「『空気』を打破するにはどうしたらよいのか」について興味を感じている。おそらく書籍にはその点も書かれていると思う。しっかり確認しておきたい。

このように、小説だけではなく評論文やドキュメンタリーなども、いろいろな各種ネタバレツールを活用したり、既読読者からの意見を聞いたりしながら情報を整理していくと、自分にとって本当に読みたい本を見つけやすくなると思う。

そのためにも「本ぶら」をしながら、そしてネット情報をはじめ事前に情報収集を行うことで、その本の攻略方法（読み方）を考えることが大事かもしれない。

ぜひ、お試しいただきたく。

②慣れよう

次のステップは「慣れよう」である。

厳密に言えば、「文字や言葉に触れること、本を読むこと、作者や作品の調査、読書の時間を取ることに慣れよう」ということである。「習慣化のコツ」とダブるところもあるので、ここではもっと実用的な話をしたいと思う。

ポイントは3つ。

「スキ（好き）を作ろう」「わからないことは調べよう」「環境調整をしよう」ということである。

まずは「スキ（好き）を作ろう」ということ。

文字通り、好きな分野、好きな作者などを作ろう、ということである。決め打ちでも構わないが、時間の許す限りネタバレ読書で広くいろいろな分野を見ることも1つの方法である。またそれ以外にも、スキ（好き）につながるきっかけは、実は我々の身の回りにいろいろな形であらわれている。

私の場合は、常に「読書系統図」をイメージしている。どういう流れで、どういう作者のどういう作品につながったか、ということを記録しなくても、頭の中でイメージを持つようにしている。そうすると、次に何を読もうかということが楽しみになり、客観的に自分にとってのスキ（好き）のイメージをおぼろげながらでも理解することができる。

例えば以前、「村上春樹『海辺のカフカ』（新潮社　2002年）は、2つの局面が最終的につながる。それぞれのプロセスも含め、最後の結末はとても感動的で面白かった」とSNSでコメントしたことがあったが、その後、あるSNSの友達から「村上春樹のパラレルワールドが好きなら『世界の終りとハードボイルド・ワンダーランド』（新潮社　2005年）もおすすめだ」というメッセージをもらい、まったく異なる話が入れ替わり展開する話（いわゆる「パラレルワールド」）の面白さを堪能したこともある。

それと同時に、改めて村上春樹という作家の偉大さを感じ、しばらく数々の作品にはまったこともあった。

また、一度読んで面白かったと感じたら、ぜひ「解説」を読んでみてほしい。解説には作者と関係のある評論家などがコメントを寄せている。その中で、作者の生い立ち、人となりや関係性、そして数々の作品を案内してくれる。そこに好きな作者や好きな分野などの方向性を見出すこともできる。

「梶井基次郎」という作家をご存じだろうか。

文芸評論家の淀野隆三によると、「梶井基次郎の生涯はわずかに三十一年の短さであったが、その文学的生命は永い。彼の作品はおおむね大正十四年頃から昭和七年までの間に書かれたが、いわゆる当時の『文壇』とは離れたところで、主として同人雑誌に発表され同時代人の注目をうけなかった。しかし、死後年が経るに従っていよいよその声価は高まり、遂に独特な地位を形づくるに至ったのである。梶井基次郎の生きた時代の文学の潮流は、一方に個人主義文学の頂点をなした新現実主義―新感覚派―新興芸術派があり、一方にプロレタリア文学があった。しかし、彼の文学は、それらの文学的潮流の一歩上にぬきんでて今日も尚その生命を輝かせているといってよい」と高く評価している。

梶井基次郎は、私の所属している信州読書会でも、たびたび話題になる作家である。恥ずかしながら、これまでまったく知らなかった。

しかし、『檸檬』『Kの昇天〜或はKの溺死』と読む中で、独特の描写的表現というか、詩的なところが、とても気に入っている。病弱であり、しかも暮らしは混迷の一途である。そんな生活を繰り返しながら、名作を次々と出している姿に強く心を打たれた。ごく最近、新たに「スキ（好き）」を感じさせてくれた作家である。

意外とスキ（好き）を感じさせるきっかけは多い。しかもそれは読書活動をしている中で確認できるものである。

第二には「わからないことは調べよう」ということである。現代作品であっても、本を読んでいくとわからない言葉に遭遇することは多い。そういう時はどうするか。

まったくスルーするか。

文章の前後の関係から意味を類推するか。

それとも辞書などで調べるか。

結論から言うと、「しっかり調べる」ことが、今後の役に立つことは間違いない。

可能であれば、簡単なメモ帳に、不明な用語と意味を書いていつでも確認できるようにしておくと、いつの間にかしっかりした知識になると思う。

『舟を編む』(三浦しをん　光文社　２０１５年)という本がある。２０１２年に書店員の投票で第一位となったベストセラーである。この本は新しい辞書(大渡海)の完成に向けての物語である。この中で、「用例採集カード」というツールが書かれている。現実の世界で使われているのかわからないが、主人公や顧問の先生をはじめとする登場人物は、話題になっている言葉を見つけると、その意味や使われ方を確認して用例採集カードに記入する。そしてそれを最終的な辞書作りに役立てるようにしている。

読書の場合も似ていると思う。今後の読書活動を円滑に進めるためにも、せめて不明な言葉の確認は必要である。しかし、その作業はどうしても面倒臭さが先に立つ。そこを億劫がらずに地道に言葉の確認作業をすることは、自分にとっての知識になると思う。

そして最後に「環境調整をしよう」ということ。

これは個人個人で、自分の読書しやすい環境を考えようということである。当然、ベストな環境は一人ひとり違っていると思う。

私は、特に小説を読む時には、なじみの喫茶店を活用するようにしている。その喫茶店はシートがゆったりしており、ピアノを中心としたBGMの中で、リラックスしながら本を読むことができる。またコーヒーもうまい、というかうまく感じる。ほぼ毎日、夕方はそこで時間を費やしている。誰にも邪魔されない、自分だけの、読書のための時間と空間がそこにある。

また、文字を追いかけやすいように読書用ルーペを活用するのも、1つのアイディアかもしれない。最近のルーペはメガネの上からかけることのできるものもあるらしい。特に年齢が進んでくると、だんだん文字が見えづらくなってくるので、シニア世代には案外必須アイテムなのかもしれない。

「慣れる」とは「読書をスムーズに行うための創意工夫の結果」と言い換えてもいいかもしれない。そこに個人としての読書に対する姿勢があらわれてくるようにも思う。

読書に対してどういう向き合い方をするか。

いろいろな向き合い方がある。

みなさんの生活にフィットした、無理のないやり方をお願いする次第である。

③考えよう（思索する読書）

さあ、本を読むことが苦にならなくなってきた。徐々に慣れてきた。

そうなったら次は、「思索する読書」つまり「考えながら、本を読む」ことをおすすめしたい。

読書活動の初めのうちは、とかく「本を読もう！」と力みがちである。往々にしてそれが目的になってしまうことが多い。もっともそれはそれで悪くはない。

ここで大切なのは、今一度、肩の力を抜いて、その本の中に書いてあることをどのように吸収し、自分のものにしていくか、ということである。

それが「思索する読書」であると考える。

すでにご案内のように、ショウペンハウエルは『読書について』の中で「熟慮を重ねることによってのみ、読まれたものは、読者のものとなる」と「思索する読書」について強く訴えている。

やり方は、いろいろあるだろう。

私の場合は、「付箋とメモ」を活用している。

本を読みながら、気になったところ（表現・会話・場面など）に付箋を入れる。そして、そこにごく簡単なコメントや印を書き添えている。

「その通り！」と思うのなら「！」や「いいね」

ここがポイントと感じたら「テーマ？」

作者の表現に感動した時には「うまい」

あとで見返したいところには「◎」や「☆」を。

また「ちょっと違うのでは？」と思うところには「？」や「不明」などを記入している。

その他にも、登場人物やその関係性、話の途中での自分の考えがあれば、簡単にメモしている。

つまり、付箋やメモを通じて「本と会話」をしているという感覚である。「読者と登場人物」「読者と作者」とのコミュニケーションが、「本」という媒体を通じてなされていると考えている。

（ただし注意しなければならないのは、図書館で借りた本には付箋を使ってはいけないということ。参考のために書き添えておく）

本には、作者がわれわれに伝えたいメッセージがある。「それはなんだろう」と常に考えながら、「会話」をする。そこに「読書の醍醐味」を感じるとともに、自分自身の頭の中も整理されることになる。

繰り返しになるが、先日読んだ梶井基次郎の『Kの昇天～或はKの溺死』という短編小説。解説によるとこの作品は、「影を自己よりも真実なものとして自分の影を追って昇天する青年の話、自我分裂の話である」ということである。自我の分裂と魂の昇天という関係性の中に、病による自らの運命を薄々感じていた梶井の切ない気持ちが映し出されたものであると思う。

10ページほどの短い小説だが、見どころ満載である。

「K」というのは梶井自身のことなのだろう。残り少ないと感じている病弱な自分の命。それを月への昇天という形であらわしているのだろう。梶井の声なき声を感じた。

興味深いのは、この奇妙な話は「対比」を通じて、よりその魅力を増していることだ。もともと梶井は描写がとても独特であると感じていたが、この作品の対比表現は特に面白い。「月と太陽」「影と実体」「魂と形骸」「K君とイカルス」……。

読みながらチェックする付箋も、こうした対比表現に多くつけられている。

この対比の妙をさらに考えてみると、どうやら梶井自身の生活に対する姿勢も関係しているようだ。

梶井には「生活に立ち向かう傾向」と「頽廃に向う傾向」があったという。さらにそれは両親に影響を受けているとのこと。前者は教養ある賢夫人《けんぷじん》であった母に、後者は酒好きで酒の上での不始末がたびたびあった父によるものとしている。

ここまで考えを巡らせてくると、単なる作品の面白さだけではなく、作者自身への興味もどんどん増してくる。

また、仮に自分の感想が、作者の発信しているメッセージと異なっていても、それは気にする必要はない。感じ方は人それぞれである。十人十色。場合によっては一人十色、読む環境やタイミングが異なれば感じ方も異なってくるからだ。

あくまで感じ方は自由である。ただ他の人の感想や意見も参考になる。

「あ〜、そういう視点もあるのか」

「こういう考え方もあるのか」

と、自分の智慧の引き出し作りのヒントにもなり、とても勉強になる。

④表現しよう（読書感想文など）

「本との会話」が深まったら、ぜひその内容を表現してみよう。

読書感想文がその代表例である。

読書感想文は長ければいいというものではない。私はだいたい800〜1000字くらいにまとめるようにしている。これくらいの字数だと、作品をまんべんなく、というより、あるポイントに絞って感想を書くということが必要になる。

書き方のルールはほとんどない。あるとすれば、「書いた内容を自分以外の人に読んでもらうことを意識する」ということくらいだろうか。

私が参考にしているのは、読書会である。

何度も同じことを言うようで恐縮だが、私の所属している信州読書会では、現在オンラインでの活動をメインに、投稿された課題図書の読書感想文を題材に進められる。読書感想文は毎回10件前後の投稿がある。どれも、その視点、発想など目からうろこである。そこに主宰者の方の、さらに異なる視点からのコメントが入ったりすると感嘆するばかりである。

また、投稿者の中には「登場人物相関図」を書かれる方もいる。読書に造詣の深い方の書かれる相関図ということもあり、とてもわかりやすい。

読書会で他の方の読書感想文を見るにあたって毎回感じるのは、「表現力・演出力・語彙力」の豊富さである。私は子どもの頃から読むこと同様に、書くことも大の苦手だった。そうしたこともあって、表現力・演出力・語彙力、それぞれにまだまだ非常に乏しいものがある。

現在、一念発起して朝日新聞の「天声人語」の書き写しを毎日行っている。それですぐに文章の表現力がつくわけではないが、日々書いているうちに、いわゆる「文章のリズム感」を感じるようにはなってきた。

もっとも、実際に自分で文を書いてみようとすると、それはなかなか難しい。

表現する技術がないため、特に文末は同じ言葉の繰り返しとなり、表現が単調になりがちとなる。その結果、文章に色気というか、魅力がなくなってしまう。この点は私としても反省しなければならないところである。

語彙力とも関係するが、「言い換え」を学ぶことが重要であると考える。「新聞と広告の向こう側」というサイトがある。そこでは、「思いました」「すごい」の言い換えを特集しながら、読書感想文のコツについて案内している。

参考　新聞と広告の向こう側「思いました」「すごい」の言い換え
https://www.promotion173.com/entry/kansobun-iikae　２０２２年12月5日閲覧

例えば「思いました」の言い換え。どれくらい言えるだろうか。

ここで記載されているのは

「と考えました」
「と気がつきました」
「という気分になりました」
「と強く感じました」
「ということではないでしょうか」
「ということが頭をよぎりました」
「と学びました」

「について深く知ることができました」

など。

文章のシチュエーションによってはもっと別の表現もあるかもしれない。私としても、こうした勉強は日々行わなければと思っている。

また語彙力も、文章を支えるものとして、しっかりと押さえておかなければならない。

ただ難しいのは、語彙力はそう簡単には身につかない。言葉は覚えようとしてもなかなか覚えられない。そして、何より適切な形で活用することがとても難しい。

ポイントは、活用を前提にした覚え方になると思う。

いろいろな方法があると思う。

例えば、前出の『舟を編む』に出ていた「用例採集カード」のように、意味のわからなかった言葉を見つけたら、その意味や使われ方を記録しておく方法。

また、感情表現でくくりながら言葉を覚えるという方法もある。

例えば『国語力を磨く』（坂本明美　日本橋出版　２０２１年）に書かれているように、「心情語リスト」（P１８９-１９１）を自分で作って覚えてみる。

ちなみに、「プラスの心情語（どちらかというと前向きなイメージをあらわす言葉）」というと、どれだけ頭に浮かぶだろうか。

この本に記載されているものをみると、「愛する」「面白い」「恋しい」「照れる」「ワクワク」「感慨」「心地よい」「和む」「満たされる」「会心」……。など100語記載されている。現実にはもっとあるだろう。

この点についても、日々の学習を通じて、言葉の「引き出し」として押さえておきたいところである。

一方、文章はその時の感情や環境によっても大きく変化する。

そのためにも、読書感想文を書いたら整理・保存し、いつでも確認できるようにしたらよいと思う。オリジナルの「自分だけの読書ノート」を作るということである。

新潮社から『ほんのきろく』という自分で書き込んで作る読書記録ノートが発売されている（定価490円（税別））。100冊の読書記録が記入できる。私も読書感想文を書いたら、『ほんのきろく』に記入している。そして常に携帯しながら、暇な時に眺めるようにしている（『ほんのきろく』は文庫本サイズで携帯しやすい）。

本の内容やその時の自分の感想を何度も読み返すことで読んだ本についてイメージを忘れないようにできる。

第三章実践編には「おすすめ17選」として、私がおすすめする本の感想文を掲載しているので参考にしてほしい。

⑤深めよう（よこぐし読書）

最後のステップは「深めよう」である。

つまり、これまでいろいろ実施してきた読書活動をよこぐしでとらえようとするものである。

興味・関心から浮かび上がるテーマについて、これまで読んできた書籍との関連性を考えながら、ネットや実体験などの情報と、これまで培ってきた知見を加味しながら、見えてくる問題について分析してみようというものである。そしてそれをレポートにあらわそうという活動である。

「第三章実践編　よこぐし5選」に私のメッセージを記載した。

詳細はご確認いただけたらと思うが、様々なプロセスから私が興味・関心を持った「3つのカテゴリー」と「5つのテーマ」を設定した。そして、それに基づいて作成したレポートである。ここではレポートの作成方法について書いてみる。

「よこぐし5選」は3つのカテゴリーから書籍を選んで感想文を書き、それをさらに特化したテーマに絞り込んでレポートにまとめたものである。複数の書籍や感想文を1つのテーマをもとに分析し組み合わせていく。そこに1冊の書籍を読み終えた後には得ることのできない感動がある。

まさに「よこぐし」の醍醐味がある。そして、このように「よこぐし」で読書を進めることは、さらに読書に対する興味・関心の世界が広がっていくことになる。

私の場合、「よこぐし」で読書を広げていくために、次の3点を実施している。

・読んだ書籍の「引用・参考文献」を参考にする→同じ匂いのする書籍・まったく逆の見解の書籍を調べてみる
・感想文作成後にキーワードが似ている書籍を調べてみる
・他人からのアドバイス

このような視点をもとに、みなさんに「よこぐし読書」について案内させていただく。タイトルは記載の通りである。詳細は第三章の実践編をご確認いただきたい。

3つのカテゴリー
①現代社会
②文学・歴史
③自然・文化

5つのテーマ
①おれ、何を怒っているんだろう～介護ストレスの客観的アプローチ～《現代社会》
②ケアサポートにおける言葉の重要性《現代社会》
③ドストエフスキー作品にみる「ロシアプライド」について《文学・歴史》
④「フランス革命」の苦悩《文学・歴史》
⑤「伝統文化の復活と深耕」による新しい文化の創造を～プロセスを楽しむ～《自然・文化》

レポートと言っても、まだまだ素人のレベルである。本当は掲載するのもお恥ずかしいところだが、1つの考え方の事例としてあえて掲載した。

第三章

実践編

(1)おすすめ17選

「実践編」は、徐々に読書に慣れてきた方にぜひ実践していただきたいアプローチである。その1つが読書感想文。すでに「第二章 (3)ワクワクリベンジ読書の5ステップ」の「表現しよう」でも記述した通り、夏休みの宿題のような形式的なものではなく、「一番自分が感動したこと」「特に勉強になったこと」などを中心に書けばよい。大切なのは、表現するにあたってのプロセスや作品から浮かび上がったキーワードなどを明確にあらわすことである。

以下、私の事例である。

基本的には読書時に添付した付箋やメモをもとに、印象的なメッセージやキーワードを確認する。その上で、文章全体のイメージ（どのメッセージを一番伝えたいか・表現したいか）を考え文章を構成するようにしている。文章の技術的なこと（上手か下手か）よりも、メッセージ性を重視している。

なお、前にも述べたが、基本的なマナーとして「図書館の本には付箋を貼ってはいけない

(付箋をつけることで『糊汚れ』などで本の損壊の原因にもなりかねない)」ということを書き添えておく。

17作品についての私の読書感想文を、カテゴリー別に整理して記載する。文章力の乏しい点についてはご了承いただきたい。

全体のテーマは「人生100年に向けて考えたい3つのポイント」。

家族介護者・社会福祉士であり平和に安心して暮らせる社会を標榜するものとして、また会社員時代に時間の取れなかった日本の自然文化や歴史についてじっくり学ぼうとするものとして、そして何より読書会に入って読書を啓発されたものとして、「現代社会」「文学・歴史」「自然・文化」の3つのジャンルに分けて、おすすめしたい書籍（おすすめ17選）と私の読書感想文を掲載する。

また私自身にとっての評価・関心を☆印であらわしてみたのでご参照いただければと思う。

(☆興味なし　☆☆あまり興味を感じない　☆☆☆普通　☆☆☆☆面白い　☆☆☆☆☆とても面白い)

みなさんも、読書活動が進んできたら、ぜひオリジナルの「おすすめ○選」を作ってほしい。それがどんどん蓄積されていくことで充実感や達成感を覚え、今までとは少し違った読書の楽しさを感じることができる。

①現代社会

視点1　超高齢社会への対応

・テーマ選定理由：企業時代、超高齢社会対応業務担当として
・学んだ内容　　：人生100年時代における高齢者の生き方
・読書の広がり　：歴史的背景・考え方（その1）→現代の事例（その2）

おすすめ17選　その1　☆☆☆☆

キケロー『老年について』（岩波書店　2004年）

キーワード　老年が惨めなものと思われる4つの理由

感想についての考え方　「若者に対する熱いメッセージ」「老年における心構え」をメインに案内。

《感想文》

現存するギリシア・ラテン文献の中では、老年を謳い上げた最初の著書とのこと。古代ローマ時代の政治家・文人の大カトーが文武に秀でた若者二人に対して語るという形を取り、キケローとしての老い・死・生について主張をまとめたものである。

基本的には、「老年が惨めなものと思われる4つの理由」（①老年は公の活動を遠ざける②老年は肉体を弱くする　③老年はほとんど全ての快楽を奪い去る　④老年は死から遠く離れていない）に対する反論であり、異なる視点から老年の正当性を伝える形で話は進む。中でも、若者への数々の深く熱いメッセージは実に印象的である。

例えば、「次の世代に役立つようにと木を植える」（パッリアータ劇の名手スターティウスの名言）という言葉の引用。

植物の比喩を通じて、老年は常に次世代のことを考えながら行動しているというメッセージである。同時代の哲学者のセネカも「老人として、他人のためにオリーブ園を植えぬ者はない」と伝えているなど、類似の事例はいろいろな著書にも多く残っている。

こうした若者へのメッセージはこの著書の大きなテーマであるとともに、魂の永生不死をあらわしているものと考える。つまり、肉体は滅んでも魂（心）は死んでいない。「④老年は死から遠く離れていない」という指摘を否定するものである。

一方でキケローは、老年の衰えは青年期に形成されるとも語っている。

「放蕩無頼の節度なき青年期は、弱り切った肉体を老年期へと送り渡す」と。

「体力の衰えは、老年期のというより、青年期の悪習の結果」として、青年に戒めを送っている。

また、老年の心構えについても多々述べている。

「老年を守るに最もふさわしい武器は諸々の徳を身につけ実践すること」

「毎日何かを学び加えつつ老いていく」

「熱意と勤勉が持続さえすれば、老人にも知力はとどまる」

などは、特に心に残る。

「徳」「学び」「熱意と勤勉」

これらのメッセージは「老年」を間近に迎えた自分への応援歌ととらえたい。なかなか高いハードルではあるが、「惨めな老人」と指摘されることのないようにしなければならないと、改めて強く認識した次第である。

おすすめ17選　その2

赤瀬川原平『老人力』

☆☆☆☆

（筑摩書房　2001年）

キーワード　「路上観察学会」「ポジティブな老人分析」「老人力」「力みがなくなる」

感想についての考え方　「老人＝老いぼれ」的発想を逆説的にとらえて前向きに！　いわゆる「前向きな（ポジティブな）老人研究」の走りの書だろうか。

《感想文》

著者が仲間と作った「路上観察学会」での活動を通じて、「老人」を研究対象とした「老人力」という言葉が生まれたらしい。

どうしても老人ネタはネガティブになりやすい。

著書にもあったが、老人力の特徴は「物を忘れる、体力を弱める、足どりをおぼつかなくさせる、よだれを垂らす、視力のソフトフォーカス、あるいは目の前の物の二重視、物語の繰り返し」などにあるが、それをみんな嫌がるという傾向が強い、と。

しかし、物は考え方だ！　この本は教えてくれた。

例えば、身体に力が入らない。まさに老人のマイナスイメージの典型。

しかし逆説的に考えたらどうか。「力み」がなくなると言えないだろうか。ゴルフにしても、力が弱っているのに「遠くに飛ばそう」という思いが強過ぎると、変なところに力が入り、おかしなフォームになってしまう。むしろ「力がなくなってきた」という現実を受け入れれば、「飛ばす」ことよりも「(力を抜いて)コントロールする」ことに視点が変わってくる。よほど爽快感を求めたい、という方なら話は別だが、確実なゴルフを目指す結果として、最終的にプレー後のストレスは少なくなると思う。

また老人力の深まりが今日の新しいブームを作り出したと言える。

著書の中に骨董ブームの記載があったが、私が毎週見ているテレビ東京の『開運！なんでも鑑定団』はその典型だ。番組に登場するのは陶器や掛け軸、古書など。出てくる作品はそうした老人趣味のものが多い(最近は傾向が変わってきたが)。しかし番組の演出もあってか、作品の出品者は最近では老若男女を問わない。聞けば、応募数も半端ないらしい。「コレクションを楽しむ」という新しいブームの到来である。

大切なのは「もののとらえ方」。「老人＝老いぼれ」的な発想ではなく、俯瞰して考えることで、新たな自分を見つけること。それによって残りの人生もより充実したものになるだろう。

さらには、そうした老人力が社会に役立つことになるとも考える。経営の神様・松下幸之助氏も「青年の逞しい創造力と老人の体験による知恵とが適切に融合されたとき、そこに大きな成果が生まれてくる」と語っている。

『老人力』は今日の超高齢社会に対する応援歌である！　強く感じている。

視点2　社会的弱者について考える

・テーマ選定理由：社会福祉士としての立場から
・学んだ内容　：貧困の背景と問題解決についての考え方
・読書の広がり：老人の貧困（その3）→貧困に対する支援のあり方（その4）

おすすめ17選　その3

☆☆☆☆

藤田孝典『下流老人』

（朝日新聞出版　2015年）

キーワード　「普通から下流へ」「3つの『ない』」

感想についての考え方　大切なのは「知識・情報」「意識（納税・生活など）」「人間関係（ネットワーク）」→老人だけではなく家族・地域も同様。

《感想文》

「下流老人」とは……。

著書の定義では「生活保護基準相当で暮らす高齢者およびその恐れがある高齢者」とのこと。言い換えれば「国が定める『健康で文化的な最低限度の生活』を送ることが困難な高齢者」のことをいう。

著者は多くの生活相談を受けているが、その中で次の3つの「ない」が下流老人の具体的な特徴として見えてくるという。ここでは詳細は記載しないが、①収入が著しく少「ない」②十分な貯蓄が「ない」③頼れる人がい「ない」（社会的孤立）が顕著な傾向だという。

下流老人は特別な人がなるわけではない。サブタイトル（一億総老後崩壊の衝撃）にもあるように、誰もがなりうる可能性があることを肝に銘じておく必要がある。特に「普通」から「下流」へ陥るパターンを正しく理解しておくべきだろう。

注意すべきは「病気や事故の発生（高額な医療費の支払い）」「熟年離婚（妻側の経済的リスク、夫側の生活・健康リスク）」「現実的な問題としての認知症（健康や詐欺被害など）」。他にもいろいろなケースがこれから発生するだろう。大小に関わらず、身の回りに何らかの変化が起こった時には「下流」につながる可能性があることを十分理解することが必要である。

最後に著書にある「自分でできる自己防衛策」について記載する。ここは真摯に学ぶべきと考える。

（対策編）

①知識↓生活保護を正しく知っておく　②意識↓そもそも社会保障制度とは何か、よく考える。何よりもプライドを捨てよ　③医療↓今のうちから病気や介護に備える

（予防編）

①お金↓いくら貯めるべきかを考える　②心↓地域社会へ積極的に参加する　③居場所↓地域のＮＰＯ活動にもコミットしておく　④いざというときの問題↓「受援力」（支援される側が支援する側の力をうまく生かし、生活の再建に役立てる能力）を身につけておく

大切なのは「知識・情報」「意識」「人間関係（ネットワーク）」ということ。問題を未然に防止する一方で、問題が発生した時には、速やかに支援を受けられるような体制・環境と心構えを、支援する側・される側ともに整備しておくことが必要である。

おすすめ17選 その4

菊池馨実『社会保障再考〈地域〉で支える』 ☆☆☆⭐︎

（岩波書店 2019年）

キーワード 「自律支援と自立支援」「相談支援体制」「地域共生社会」

感想についての考え方 地域共生社会を実現するには、地域における「緩やかな」関係性作りが重要。

《感想文》

この本は「持続可能な社会保障制度」を構築するための仮説・考え方を示している。共鳴すべき点は大きく以下の3点。主な内容と合わせて記載する。

①自律支援と自立支援

・自律支援：自律に向けた潜在能力を持ち得ることを前提に、個々人の現実の能力の違いやニーズの違いを踏まえた制度による対応のあり方を構想する。

・自立支援：非自立状態にある場合、様々な施策を通じて自立した状態に至るような公的サポートを行う。

②相談支援体制の構築

・各人の個別的なニーズや様々な生活上の困難を受け止める。

・他の給付に結びつける「点」としての支援にとどまらず、必要に応じて継続的な関わりを持つ「寄り添い型」支援、「伴走型」支援であることが求められる。

③「地域共生社会」の実現に向けての考え方

・地域が様々な人の協力によって成り立っていることに、(1)お互いの「顔」が見える距離感で気づき合える　(2)何かあった時に自然に周りから手を差し伸べることができる　(3)もっと緩やかでフワッとした手触りの社会であること。(国のイメージする)「我が事」ではなく、「共にある（在る）こと」程度で十分ではないか。

特に、③に示された「地域共生社会」は最近のキーワードである。まだまだ詳細は理解されていないが、これまでの諸々の国が提示するプランはどれも「力み」を感じる。素晴らしいことを言ってはいるが、力みがあるがゆえに、その実現性や連帯性・平等性などに問題が多いように思う。

著者の言う「緩やかな」は、地域共生社会の実現に向けてのとても重要な考え方であると思う。しかも、「我が事」として肩に力を入れるのではなく、「共にある（在る）こと」で十分であるとする考え方はとても参考になる。

以前、安倍内閣で「一億総活躍社会」という提言を行った。「一人ひとりの日本人、誰もが、家庭で、職場で、地域で、生きがいを持って、充実した生活を送ることができること」が目的の1つ。素晴らしいコンセプトであるが、施策に力みがあるのか、なかなか実感できないのも事実である。

これら数々の事例を反面教師に、共にある地域住民として、地域の「緩やか」な関係性づくりに少しでも貢献できたら。その結果として地域共生社会が具現化できればこんなにうれしいことはない。

視点3　戦争と大衆

・テーマ選定理由：ロシアのウクライナ侵攻を受け、改めて戦争の背景を学ぶ
・学んだ内容　　：戦争と権力（権力欲）についての関係性と社会に与える影響
・読書の広がり　：戦争の起こる原因（その5）→民衆の動き（その6）

おすすめ17選　その5

A・アインシュタイン、S・フロイト『ひとはなぜ戦争をするのか』 ☆☆☆☆☆

（講談社　２０１６年）

キーワード　「権力欲（アインシュタイン）」「権力と暴力（フロイト）」「文化の発展→戦争の終焉」

感想についての考え方　権力欲が文化の多様性を否定するところに戦争の原因がある。客観性・寛容性を持ち、相手を理解することが重要。

《感想文》

『ひとはなぜ戦争をするのか』。

特にロシアのウクライナ侵攻が一向に終わる気配を見せない中、今まさに、我々が考えなければならないテーマであると思う。

この本は、当時の国際連盟から「今の文明にもっとも大事だと思われる事柄を、いちばん意見を交換したい相手と書簡を交わしてほしい」との依頼を受けた物理学者アインシュタインが心理学者フロイトとの間に交わした往復書簡であり、それを解剖学者養老孟司、精神科医斎藤環が解説するというとても贅沢な一冊である。

戦争の起こる原因。アインシュタインは権力欲という人間の心に問題があるとしている。さらに人間には憎悪に駆られ、相手を絶滅させようとする本能的な欲求が潜んでいるとも。アインシュタインからの書簡を受け、フロイトは「権力」を「暴力」という言葉に置き換えるとともに、どのような生物にも生命を崩壊させ、生命のない物質に戻そうとする破壊欲動、つまり「死の欲動」があるとしている。そして「死の欲動」を回避するには反対の概念である「生への欲動」、つまりエロス的欲動（広い意味での「愛」を意味する）を呼び覚ますことが必要であるという。

そこで浮かび上がってくるキーワードが「文化」である。心理学的な側面から文化が人間に生み出す顕著な現象の1つは「知性を強めること」。力を増した知性は欲動をコントロールするとのこと。2つ目には、攻撃本能を内に向けることもあるらしい。

フロイトは、文化の発展が戦争の終焉につながるとの見解を示した（一方で文化の発展、つまり欲動のコントロールが進み過ぎると少子化の原因にもなりかねないとの懸念もあらわした）。

「文化」とひと言に言ってもいろいろある。国や地域の言語・宗教・歴史、社会システムも異なっている。

そんな中で、今我々に求められるのは客観性を持つことであって、寛容性を持ち相手を理解しようと努めることであると思う。

養老孟司も新しい社会システムが格差を生み、それが結果的に近年のテロや紛争につながっているとしている。斎藤環もフロイトの言う「感情の絆」という語を用いながら、相手の文化や背景を理解すると、相手がなぜそう考えたかが理解しやすくなるという。

難しいのはそこに権力欲が絡むと人間の心が豹変してしまうことだ。そもそもフランス革命も「自由・平等・友愛」のもとに市民を中心とした社会を作り上げることに目的があったが、革命指導者の権力欲が高まるにしたがい、従前の文化を否定し、一時的とは言え、その方向性を大きく誤らせることになった。

今日のプーチンも同様だろう。今回は、個人の誤った歴史認識に権力欲が絡んだものと思われる。大切なのは独裁を許さない社会体制。そのためにもお互いの正しい歴史文化の理解が必要になると思う。

おすすめ17選　その6

エーリッヒ・フロム『自由からの逃走』

（東京創元社　1951年）☆☆☆☆

キーワード　「安定感・帰属感」「無力感・孤独感」「権威への依存（服従）」「破壊性」

感想についての考え方　自由を求めるがゆえに自由に縛られる。権力に服従し支配されることが幸福のために残された選択肢であったということが歴史的悲劇を引き起こした。

《感想文》

「自由」に縛られる。個人は「自由」を求めて、自ら拘束される。

一見、逆説めいた視点から「自由」について分析している。

「安定感・帰属感」「無力感・孤独感」「権威への依存（服従）」「破壊性」が、この著書のキーワードであると思う。

そもそもヨーロッパには、中世期にみるカトリック教会を中心とした「第一次的絆」があった。そこには安定感・帰属感はあったが、個人は自らの役割でつながれており、移動や活動の自由は認められていなかった。

そこに宗教改革でプロテスタントが台頭。これまで個人と神との仲介役を教会が果たしていたが、新しい宗教は個人が一人で神と契約すること（教会中心から聖書中心）になる。そこに個人は宗教的な自由を確保するが、神に対する圧倒感に襲われ、完全なる服従によって救済を求めることになる。

さらには資本主義経済の台頭による競争社会の到来。そこでは経済的な自由を手に入れることはできたものの、敗者や資本を持たないものは大きな疎外感、無力感を感じることになる。

宗教的自由と経済的自由は、個人を伝統的な第一次的絆から解放したが、結果的に個人をますます孤独に、孤立させることになる。そして個人の多くはより強い力（権威）への従属（第二次的絆）のもと、安定感・帰属感を求めることになる。言い換えれば、自分の関心や希望を超えた力に服従し支配されることが、自由と幸福のために残された唯一の選択肢だったということか。

「人間という哀れな動物は、もって生まれた自由の賜物をできるだけ早く、ゆずり渡せる相手を見つけたいという、強い願いしか持っていない」

『カラマーゾフの兄弟』にある象徴的な叙述である。

こうしたマゾヒズム的傾向を持つ個人が、破壊性と結びついたサディズム的傾向を持つ権力者によって支配されていく。

権力者は、個人を自分に依存させる道具とする。搾取できるものは搾取する。そして苦しめる。

歴史的な悲劇は、自由を譲り渡した相手がファシストであったことにある。

一体、「自由」とは何なのだろうか。そして「無力感・孤独感」なく、「安定感・帰属感」を感じることのできる社会とは。歴史上の問題ではなく、むしろ現代における問題として考えることが必要であると思う。

大切なのは「選択肢（多様性）」と「寛容性」と考える。それぞれのパフォーマンスをいかに高めるかがより重要になると思う。

②文学・歴史

視点1　ドストエフスキー

・テーマ選定理由：生誕250年として話題。長く愛される名作に学ぶ
・学んだ内容　　：ロシア民衆の精神文化としての宗教と文学の関係

・読書の広がり　：心のよりどころとしての家族（その7）→精神文化における宗教の介在（その8）

おすすめ17選　その7

ドストエフスキー『カラマーゾフの兄弟　上・中・下』

☆☆☆☆

（新潮社　1978年）

キーワード　「カラマーゾフとは何か」「心のよりどころ」「宗教」「家族」「ロシアプライド」

感想についての考え方　ドストエフスキーは読書会で頻繁に取り上げられる。「宗教」そのものが生活とつながっている一方で、「家族」との精神的なつながりをドストエフスキーは訴えたかったのだろう。

《感想文》

まさかこんな結末になろうとは。

まったく想像できなかった。

上巻で概略、中巻で主な登場人物の詳細が説明され、下巻では父親殺しの容疑で逮捕されたドミートリイを中心とした一連の動きが書かれていた。特に下巻の展開はスピード感があり、まるでちょっとした推理小説を楽しんでいる気分になった。『推理的古典文芸作品』とでもいうべきか。予想を裏切る展開の連続に、長編小説としての読みごたえを感じた。

解説に記載されていたが、この作品はドストエフスキーの家族が参考になっているようである。

地主である父親。暴君として君臨していたらしい。アルコール依存症で、百姓を虐待したり村の娘を女中奉公に取り上げては次々に手を出して、百姓たちの恨みを買っていたとのこと。結局、百姓たちに惨殺されてしまう。

この作品の主題もこの事件がベースになっているようだ。併せて、ドストエフスキーの持病のてんかんは父親が殺害された後に最初の発作が出ており、このこともスメルジャコフ（家事手伝い：父・フョードルの子どもと言われている）がてんかんを患っていたこととも関係している。

この作品から強く感じたのは、「心のよりどころとしての家族のあり方」である。特に母親なき家族のあり方として、母性を補う兄弟愛の強さはとても印象的だった。

物質的・形式的な「家族」ではなく、精神的な「家族」とそのつながりの深さを強く感じた。難しかったのは、宗教的なメッセージである。日本人として、また特に凡庸である自分にとっては、ところどころに出てくるキリスト教を背景とした記述は理解できないものが多かった。おそらくキリスト教に限らず「宗教」そのものが生活とつながっていないことによるのだろう。

その一方で、次兄のイワンは無神論者である。神よりも理性を重視するというもの。であるがゆえに、最後は父親殺害についての自分の言動や心に思い悩み、そこに神ならぬ悪魔が忍び寄ることによって、結果として精神を病んでしまう。

宗教しかり、家族しかり……。心のよりどころとは何なのだろうか。

おすすめ17選　その8

ドストエフスキー『罪と罰　上・下』

（新潮社　1987年）

☆☆☆

キーワード　「非凡人vs凡人」「無神論者vs敬虔な信者」「二面性・分断・矛盾vs神の叡智・絶対の善」

感想についての考え方　いろいろな視点から楽しめる仕掛けが施されている。中でも二律背反的なキーワードが散りばめられているのは興味深い。

《感想文》

会話（ダイアローグ）が、速いテンポで展開されているのが印象的である。それが場面の大きな演出効果となる。

特に、ラスコーリニコフを犯人と疑う予審判事ポルフィーリイとの言葉のやりとり。そして、ラスコーリニコフと恋人ソーニャの会話。ラスコーリニコフの自白（告白）とソーニャが自首をもとめるシーン。また、スヴィドリガイロフがラスコーリニコフの妹ドゥーニャに告白してフラれるシーン。

それぞれに小気味よく流れる会話の連続は、まるで映画を見ているような感覚すら覚える。それが、読者を物語に引き込む。

さらに特徴的なのは、推理小説的な文章の流れ。『カラマーゾフの兄弟』の下巻に似ている。長編でありながら一気に読み上げることができた。

また、この作品にはタイトル『罪と罰』にあるような二律背反的なキーワードが散りばめられている。そしてその関係性は時間の経過とともに徐々に変わっていく。その変化も見どころである。

例えば、「非凡人（ラスコーリニコフ）vs凡人」。自分は選ばれた人間。非凡な人間。非凡な人間は正義のためなら人を殺してもいい。良心の声にしたがって血を許す。

しらみのような高利貸の老婆アリョーナ・イワーノヴナは殺されて当たり前。「1つの罪悪は100の善行によって償われる」として、アリョーナ・イワーノヴナを殺害し、彼女の財産を社会に還元しようと考える。しかし、殺害の現場を老婆の妹のリザヴェータに見られ、彼女までも手にかけてしまう。その後、ラスコーリニコフは罪の意識に襲われ、心と身体を病んでしまう。つまり、非凡人であるはずのラスコーリニコフは、徐々に凡人へと変わっていく。

また、興味深いのは「無神論者（ラスコーリニコフ）vs敬虔な信者（ソーニャ）」の関係。そして、「二面性・分断・矛盾（「ラスコーリニコフ」という名前の意味）vs神の叡智・絶対の善（「ソーニャ」という名前の意味）」という作品の裏側に見えるキーワードである。

不安と恐怖、良心の呵責に悩んで精神に異常をきたす寸前のラスコーリニコフ。そんな彼に対して、キリストの教え、愛による救いを伝えることで自白を促すソーニャ。「ひざまずいて、あなたがけがした大地に接吻しなさい」とする名言は、こうした関係性の中から生まれた愛のメッセージと言えるだろう。最終的にラスコーリニコフはソーニャの愛の力（神の力）に引き寄せられ自首することになる。

ただ、こうした見方は一面的に過ぎないだろう。もっと作品を楽しむためのいろいろな「仕掛け」がしてあるように思う。そんな奥深さを感じさせてくれる作品であった。またいつか読み返してみたい。

視点2　フランス革命

・テーマ選定理由：読書会の精読コンテンツで学んだ「フランス革命」を深く読む
・学んだ内容　：フランス革命の多面的な視点
・読書の広がり：歴史的内容の作品・フランス国内の動向（その9）→他国からの見方（その10）

おすすめ17選　その9　☆☆☆☆☆

チャールズ・ディケンズ『二都物語』

（新潮社　2014年）

キーワード　「フランス革命」「恐怖政治」「悲劇の恋の物語」「権威による洗脳」

感想についての考え方　ロベスピエールの恐怖政治に洗脳された、当時のフランス社会の息苦しさと、そんな中での悲劇の恋の物語。

《感想文》

フランス革命の背景を正しく理解していないとなかなか難しいかもしれない。

作品の中での市民の会話（例　会話の最後に「市民」という言葉をつける→「また歩いていますね　市民」）。今の我々からすると、どこかの国のようなまったく奇異な世界だ。しかもスパイが横行。内部告発も多発。自分を守るために相手を蹴落とす……。当時のフランス社会の息苦しさがうかがえる。

ロベスピエールの「恐怖政治」は、国内の反革命分子を徹底的にギロチン処刑するものと理解していたが、もはやフランス社会全体が「恐怖」の中にあったようだ。「恐怖政治」ではなく「恐怖社会」となっていたように思う。

そんな中での「悲劇の恋」の物語。常に革命の爪痕を感じる。召使いに対する悪行三昧の貴族であったダーネイの父と叔父。それがダーネイの人生を大きく狂わせることになる。

さらには、正しいものを事実として正視せず、すぐにギロチン処刑。しまいには風物詩としてそれを楽しむかのような大衆の様子。１日に数十件も処刑されるにあたって、大勢集まった見物人（席取りまでしている）は一人処刑されるたびに「イチ」「ニィ」「サン」……

と人数を唱和する。

革命という名のもとに常軌を逸していた社会がそこにあった。

そんな中で、ダーネイは悪徳貴族として捕えられルーシーとの愛は妨げられる。そしてシドニー・カートンは二人の愛を成就させるため、ダーネイの身代わりになってギロチン処刑される。結局、3人はこの異常な社会の犠牲者であったと言えるだろう。

「自由・平等・友愛」というフランス革命の理念。

その実現のために、大衆が革命指導者に洗脳されてしまった。

憲法を作って、僧侶・貴族・王族の腐敗した封建社会を打倒する。そこまでは正しいと思っていたが。どこで歯車が狂ったのだろうか。

その後も「行き過ぎ」と「揺り戻し」を繰り返しながら、ようやく今日のフランスになったようだ。

それにしても「悲劇の恋」という話の裏側で「大衆（大衆社会）とは何なのか」「何が大衆をそうさせる（洗脳させる）のか」深く考えさせられた。

おすすめ17選　その10

エドマンド・バーク『フランス革命についての省察』

☆☆☆☆

（光文社　２０２０年）

キーワード

「イギリスの保守主義→予断力」「先人の叡智を全否定したフランス革命」「政治的に素人な国民議会」

感想についての考え方

「フランス革命を理解すれば、西洋文学や政治の仕組みを理解できる」という信州読書会主宰者のメッセージを受けてフランス革命を勉強してきたが、フランス以外の国から見たフランス革命の見方に興味を持った。フランス革命をソフトランディングさせるには、待ったなしの状況ではあったが、イギリスの保守主義（先人の知恵を徐々に変えていく）のような大人の対応が必要だったのではないか。

《感想文》

パリに住む若い紳士と著者との文通が起点であり、彼がフランス革命について著者の意見を強く求めたことがこの著書の誕生につながった。

これまでのフランス革命の著書と視点は異なる。

著者の視点は「国民議会」「政治」「経済」「宗教」であり、それぞれにイギリスとの比較から論じている。

著者は、ルソーの唱えた原始時代の自然概念（社会契約論）は、キリスト教を精神文化としている中では受け入れられないとしている。ただし、社会契約という概念は、市民的自由の確保を基調としたものであり、その点はイギリスと類似しているとのことである。

決定的に異なるのは、イギリスが歴史や伝統の積み重なりによる自然契約であり、先人の経験から受け継いだ知識や常識に基づいた未知の事象に対する「予断力」を重視する一方で、フランス革命を推進した啓蒙思想は、先人の叡知を一気に消滅させるとともに、人工的で無機的な裸の理性を基本としている点。最終的には、このことがキリスト教を否定し、無神論者的な国家になってしまうことへの危機感を著者はあらわしたものと思う。

著者は国民議会を全否定した。

国民議会は「政治的には乱脈な素人の集団」であり、「内部は分裂していて機能不全」を起こしているとしている。中でも、新たな法曹関係者が多数を占め、国政の経験者が不在の中では、専門的な審議が行えないと語る。人民の平等を理想に掲げながらも、現実的な行政制度が機能していない。

何より国王に権限を与えて使いこなすという政治的なズルさがないばかりか、国王をパリに移動させ（ベルサイユ行進→「文明国の凱旋行進とは言えない残酷なもの」としている）、幽閉し、最後には処刑してしまう。

さらには財政面。国民議会が引き起こした致命的な無能が巨額な構造赤字をもたらしたとしている。確かに財政立て直しの切り札はアッシニア債のみ。貴族や教会から財産没収はしたものの、その資産をどう扱うかについての手順も示されていなかった。

本来は、過去をすべて否定するのではなく、立憲君主制に基づいた、いわゆる革新的保守としてソフトランディングをはかるのがベストだったと思う。しかし、片やアンシャンレジームで堕落しきった王族、聖職者、貴族の中、人民にとって待ったなしであったことも事実。方法論として間違っていたことは著者の言う通りだが……。

精神文化を否定することは一朝一夕には実現しない。ビジョンの不足と性急さを求める革命指導者たちの姿勢。これこそが混迷を招いた大きな原因だったと思う。

視点3　日本文学

・テーマ選定理由：私が特にお薦めしたい作家の代表作
・学んだ内容：各作品における時代性、キーワード・演出に見るメッセージ性
・読書の広がり：戦後の没落＝太宰の生き方（その11）→無為徒食の男と都合のいい女（その12）

おすすめ17選　その11

太宰治『斜陽』

☆☆☆☆

（新潮社　1950年）

キーワード　「貴族」「道徳革命」「ギロチン」

感想についての考え方　没落貴族の中にあってプライドを持ちながらも自分なりの生き方を進む主人公と弟の姿。

《感想文》

没落貴族の道徳革命。

それが大きく価値観の変わった時代に、貴族が生き抜くためのキーワードだったのだろう。

主人公・かず子にとってみれば上原の子を生み、妻に認知させる。そしてその子を自分で

育てる。未婚の母であっても、子が私生児であっても構わない。貴族というプライドを持ちながらも、力強く生きようとする逞しさを感じる。

一方で、生き抜けなかったのが弟の直治。自分自身は貴族であることに誇りを感じてはいるが、周りの人間（一般庶民）の目を意識するあまり、貴族を、そして自分自身を否定し、自堕落となる。

ただ直治も、かず子同様に道徳革命に身を置く。「スガちゃん」の存在である。スガちゃんは上原の妻なのだろう。そしてスガちゃんの子は直治との間の子であるように思う。

直治は最初こそ上原を師と仰いでいたが、家庭を顧みない上原に失望し、それでも上原に尽くそうとする妻（スガちゃん）をいとおしく感じた。そしてそれがいつしか、愛に変わり、守ってあげたいという存在になったと思う。

願わくば、直治にもう少し勇気と強さがあれば……。

直治は太宰をダブらせていると思われる。つまり、道徳革命とは太宰自身にも言えることだ。

かず子にしろ直治にしろ、結局は「不倫」ということになる。

ただ、『斜陽』においては「不倫」という言葉は相応しくない。

やはり、それはかず子の言う「道徳革命」なのだろう。

それにしても「貴族」とは一体何だったのか。
先祖代々の名家？　権力者？　資産家？
古くからの成功者であり、国や地域を代表し大衆のために汗を流す存在。私はそれが貴族であると理解していた。が、どうも時代とともにとらえ方は変わってきたようである。
おそらく正解はない。永遠の謎である。

おすすめ17選　その12

川端康成『雪国』

☆☆☆☆

（新潮社　1947年）

キーワード　「無為徒食」「いき と 野暮」「いい女」

感想についての考え方　関係の終わりが近づきつつある島村と駒子の今後を読者に推測させる心憎い演出。

《感想文》

「国境の長いトンネルを抜けると雪国であった」
あまりにもその書き出しは有名であるが、そもそもそれ以降の展開はまったく理解していなかった。過去に著書を手にしたことはあっても、恥ずかしい話、読み切った記憶がない。

作品の舞台は、新潟県の越後湯沢温泉であるらしい。

無為徒食の主人公・島村を中心に、温泉芸者・駒子との「いき」な愛の関係性から始まる。島村は東京に家庭を持っている。定期的に温泉に通いながら駒子との関係を楽しむ。また駒子も事情を知りながら逢瀬を楽しみにしている。

作品には二人の会話が多くあるが、それが実にリズミカルである。特にその中で駒子は、島村を前にして「東京の人は嘘つきだから嫌い」と何度も発する。当てつけなのだろう。ここはちょっとコミカルなところでもある。

しかし、時の経過とともに「別れの予感」をイメージさせる。

いわゆる「いき」から「野暮」への演出の転換がある。この作品の魅力の1つである。

そもそも島村にとって駒子は「遊び感覚」。しかも駒子だけではなく、駒子より年下の葉子にも徐々に興味を覚えてくる。駒子はそれに気づき軽い嫉妬を感じながらも、余計に島村に対する気持ち・思いが強くなる。

その裏側には「捨てられるかも」という不安もあったのだろう。それが「君はいい女だね」といった島村の言葉に異常反応した理由と思われる。

単なる性的な関係としての「いい女」と駒子は受け取ったようだ。一方の島村は駒子の気持ちの高まりをうすうす感じながらも、自分自身の後ろめたさもあり駒子との関係が面倒くさくなってきたようにも思われる。

しょせん、親のすねかじりの無為徒食の人間のわがまま。そう受け取ることができる。

また『雪国』は最初だけではなく、最後にも特徴的な言葉がある。

後半には、もはや二人の関係の終焉はほぼ決定的に。

最後は、繭蔵が火災になって二階から葉子が失神して落ちてくるという事件が起こる。

「この子、気がちがうわ、気がちがうわ」慌てふためく駒子。

「To be continued」。「さぁ、これからどうなるのか、読者のみなさん考えてください」というような終わり方。果たして結末はどうなるのであろうか。

川端の草稿では、最後は「葉子が島村を刺す」という展開だったらしい。いずれにしても葉子も島村にかなわぬ恋心を抱いていたようである。結局は無為徒食の島村に問題がある。

島村に断罪を！　私ならそう続けたい。

視点4　現代文学

・テーマ選定理由：話題性の高い名作。比較的読みやすく、特におすすめしたい作品

・学んだ内容　：強いテーマ性による読者を引き込む演出
・読書の広がり：熱い思いの関係性・連続性（その13）→日本人の精神文化にある「神」（その14）

おすすめ17選　その13
三浦しをん『舟を編む』
☆☆☆☆☆
（光文社　2015年）

キーワード　「辞書編纂」「用例採集カード」「チームワーク」
感想についての考え方　新しい辞書作りに向けた主人公および登場人物の「チームワーク」と「熱い思いの関係性・連続性」に学ぶ。

《感想文》

10年前に話題になった著書である。一度購入したが、数ページしか読み進むことができなかった。ページ数と「辞書編纂」という地味なテーマから、早々に諦めてしまった。

今回再び読むにあたって、「なぜ、しっかり読まなかったか」、過去の読書に対するモチベーションの低さを深く反省した。

『大渡海』という新しい辞書の編纂に向けた主人公・馬締光也と彼を取り巻く登場人物の熱

い思いと人間模様。登場人物に魅せられた！　そんな作品であると、感じている。

辞書の出版というと、やや地味なイメージがあるが、こんなにも細かく、地道な作業を、諦めることなくコツコツと長きに渡って創り上げられるものなのか。『大渡海』そのものである。

また、主人公・馬締をはじめ編集部の人たちのプロ意識には脱帽である。ある意味、1年365日1日24時間、『大渡海』編纂のことしか考えていない。特に馬締、言語学者の松本先生、退職後も嘱託として働く先生の教え子の荒木さん。この3人の言葉へのこだわりは驚くほどである。

食事をしながら、会話をしながら、気になった言葉が出てくればすぐに確認。議論する。そして「用例採集カード」にメモをする。「用例採集カード」は著書の中によく出てくる。もしかしたらこの世界では常識なのかもしれないが、「言葉」を極める上では重要なツールであると感じた。

一方で、信頼に裏付けられたチームワークは話の進展をより興味深くする。

チャラチャラした西岡。一見、辞書編纂には縁遠いように思ったが、逆に交渉や販促などの営業をサポートする、潤滑油的存在である。彼の作った「㊙ファイル」は単なる引継ぎ書というより、対外交渉が苦手な馬締や、途中で編集部に異動してきた岸辺みどりにとっても有効なツールであった。

異動当初モチベーションが低かった岸辺も、仕事に慣れるにしたがい、辞書や言葉に対する思いが強まる。卓越した問題発見能力で、誤用や時代感覚とのズレを指摘して存在感・信頼感を高めていく。

そして松本先生が、私企業が辞書を編纂する意義を語る中でのメッセージは実に印象的である。

「言葉は、言葉を生み出す心は、権威や権力とはまったく無縁な、自由なものです」
「自由な航海をするすべてのひとのために編まれた舟」として、つまり辞書が言葉を縛るのではなく、言葉の道しるべとなるような辞書を作ろうとする強い思い（コンセプト）が、登場人物に共有されている。そして、それをうまく具体的な形としてコーディネートしたのが主人公・馬締である。

「チームワークと熱い思いの関係性・連続性」。この作品の主張と考える。大きな学びをもらった。

おすすめ17選　その14

遠藤周作『沈黙』

☆☆☆☆☆

（新潮社　1981年）

キーワード　「神とは」「棄教」「精神文化の違い」

感想についての考え方　長崎での勤務時代から地域では話題。いつか読みたいと思っていた。「沈黙しかできない神」と「神を信仰する司祭・信者」。精神文化におけるその関わりについて考えさせられる。

《感想文》

島原の乱の鎮圧後間もない頃。布教と、棄教したとされる師の様子をうかがうためにキリシタン禁制の厳しい長崎に潜入したポルトガル人司祭（ロドリゴ）を主人公とした話である。最終的に囚われの身となったロドリゴ。「転ぶ」（＝棄教）ことを奉行などから求められるが頑なに拒否する信仰への思い、また「転ぶ」に至った師フェレイラとの出会いとそれに伴う複雑な感情、そしていくら祈っても神は「沈黙」していることへの葛藤など、主人公ロドリゴの心の動きがわかりやすく描かれていた。

今回『沈黙』を読んで強く感じたのは、「キリスト教と土壌（精神文化）」の関係性である。

キリスト教が精神文化の根底にある西洋と、政治的・経済的な側面からキリスト教を利用していた日本。

やはり生活における深さは異なっていた。フェレイラが「この国は沼地だ。どんな苗もその沼地に植えられれば、根が腐りはじめる。葉が黄ばみ枯れていく。我々はこの沼地に基督教という苗を植えてしまった」とある。これは当時の日本はキリスト教に対する歴史と理解が浅く生活に根付いていないということであり、それが布教の困難性の原因であることを伝えようとしたものと考える。

実際に、キチジローのように信仰心はあっても精神性が弱く、保身を考えるものもいた。まだまだ日本ではキリスト教は根付いていなかった。

一方で、ロドリゴやフェレイラのような司祭は、教えに対してストイックである。

ただ司祭がストイックとなればなるほどキリスト教禁制下では「犠牲（特に信者への拷問）」を強いられることになる。司祭に限らず信者も極限状況になるほど、神に対する依存性は高まる。しかし、そもそも神は沈黙しかできない。

「沈黙しかできない神」と「神を信仰する司祭・信者」。神とは一体何なのか。人々の精神文化とどのように関わっているのか。

西洋文学を理解するにはキリスト教に基づいた精神文化を理解することが不可欠。一方で、日本人としての精神文化との比較からさらに興味深い関係性を見出すことができると考える。「キリスト教」と「日本人論」は今後の読書を進める上での注目キーワードとして考えたい。

③自然・文化

視点1　日本人・日本文化

・テーマ選定理由：学生時代の専攻（社会学・人類学）との関係から
・学んだ内容　：日本人気質・精神文化の背景と歴史
・読書の広がり　：日本人の精神文化（その15）→江戸大衆のパワーの源泉（その16）

おすすめ17選　その15　☆☆☆☆

山本七平『「空気」の研究』（文藝春秋　2018年）

キーワード　「忖度」「空気」「水」「日本の精神文化」

感想についての考え方　「空気による支配」に「水」を入れる社会。本来日本人の精神文化にあったものの再構築が、新しい日本文化創造につながる。

《感想文》

「忖度」という言葉。数年前に突然姿をあらわし、今や誰もが知っている。「他人の心中をおしはかること。推察」（新村出『広辞苑　第七版　あ－そ』P１７３３　岩波書店　２０１８年）である。

そうした、いわゆる「空気」の存在にメスを入れた山本七平の名著である。

「○○はそういうものだ」「そうなって当たり前」「そうでなければならない」……。それが事実であるかどうかは別にして、誰が言ったかとか、どういう環境・状況の中での発言なのかとか、我々の日常生活や仕事の中には何か得体のしれない力によって自らの意見・思考が左右されることが多い。

それこそがまさに「空気（による支配）」である。

時として、空気的な判断の基準が、論理的判断の基準からズレることもある。ある意味で我々は、こうしたダブルスタンダードの中に生きているようにも思う。

著者によると、「空気」とは「臨在感的把握」とのこと。かみ砕いて言うと、「背後に感じる何か特別なものによって、言論や行動が規定されること」であり、「ある対象と何らかの感情を結び付けて推察すること」ということになる。因果関係の推察が感情移入を絶対化(日常化・生活化)してしまい、そうあることが絶対に正しいと無意識のうちに感じてしまうことを意味している。

空気による支配。それは、島国で安穏と時を過ごしてきた日本・日本人であるがゆえの、伝統的な、なせる業なのかもしれない。実際に、中東や西欧など滅ぼしたり滅びたりが当たり前に国においては、空気による支配は受け入れられないだろう。日本独特の伝統的な精神文化とも言える。

一方で、日本には古来より「水を差す」という言葉がある。「具体的な目前の問題を正しく口にすることで、一瞬にしてその場の空気が崩壊し、現実に戻す」というものである。「空気による支配」とのバランスを取るという意味合いもあると思われる。

しかし、昭和初期の「大和魂」全盛の「空気」に対して、当時は「水」が無力だった。それが悲劇を生んだ原因の1つでもある。

「空気」も「水」も日本独特の精神文化と考えれば、どちらも我々の生活には不可欠である。大切なのは、時として「空気」の中に「水」を入れること。つまり、「それはちょっとおかしいのではないか」と、「空気に水を差す」ことが必要である。
それが日本の精神文化の再構築につながると考える。

おすすめ17選　その16

九鬼周造『「いき」の構造』

（岩波書店　1979年）

☆☆☆☆☆

キーワード　「（異性に対する）媚態」「意気・意気地」「諦め」

感想についての考え方　文化文政時代の江戸大衆のパワーの源泉は「いき」を楽しむライフスタイルにある。

《感想文》

40年以上も前に出版され、すでに65刷のベストセラー。江戸文化の特徴をあらわす本としてずっと気になっていたが、これまでなかなか手の出なかった一冊。読み始め、文体の古さもあり多少の抵抗感はあったが、落ち着いて読み進めるととても面白かった。

江戸時代の吉原遊女のあり方をベースに、江戸時代の江戸大衆の「いき」という生活文化について書かれたものと理解している。

「いき」には3つの特徴がある。①異性に対する「媚態」（こびること）②「意気」（意気地・気概）③諦め（執着から離れた無関心）である。

中でも「媚態」が一番理解しやすいだろう。媚態とは「なまめかしさ」「艶っぽさ」「色気」などのこと。必ず相手が存在し、相手がどのように感じるかがポイントになる。ただし色恋だけの話ではない。

大切なのは、生活スタイルとして艶っぽさや色気につながるということ。そこに男女差はない。

例えば「姿勢」。著書には「軽微な平衡破却」とあったが、「軽く姿勢を崩すこと」と言い換えることができる。立ち姿でもひねり腰であるとか。そう考えると必然的にスリムであることが求められるのかもしれない。表情にしても「流し目」とか。さらに唇の微妙な弛緩と緊張のリズム。浮世絵をイメージしたらわかりやすいだろう。

「微妙」というのが「いき」の演出の1つのように思う。

夜の灯りも「薄ら灯り」が「いき」になる。そこに生活の中の色気を感じることができる。

さらに顔の装い。これは薄化粧が「いき」になる。江戸時代には京阪の女性は濃艶な厚化粧を好んでいたようだが、江戸ではそれを「野暮」として卑しんだとのこと。

当時の世相評論家も、「上方の如く白粉べたべたと塗る事なく、至って薄く目立たぬをよしとす」としている。

髪型も略式が「いき」をあらわす。文化文政期、正式には丸髷・島田髷だったらしいが、「いき」とされていたのは「銀杏髷」「楽屋結」などだったらしい。

どういう仕草に色気を感じるか。というか「力みのない自然体」の中に色気を見出し、それを「いき」として楽しんでいた感がある。特に文化文政期の江戸大衆のパワーの源泉は、そうした生活スタイルにあったのかもしれない。

視点2　言葉・メッセージ

・テーマ選定理由：介護・マネジメント経験を通じて「言葉」の重要性を実感

・学んだ内容　：「言葉」の持つメッセージ性

おすすめ17選　その17

☆☆☆☆

古田徹也『いつもの言葉を哲学する』

（朝日新聞出版　2021年）

キーワード　「日本語の氾濫」「外来語委員会」「専門家と市民をつなぐ言葉」

感想についての考え方　日本における語彙力＝国語力の不足を痛感する。

《感想文》

日頃より感じていることだが、医療・介護系の、特に高名な先生方の使われる言葉は専門用語が先立って意味がわかりにくい。伝わりにくい。もっとも、だから言葉は難しいとも言える。専門用語の応酬は勘弁してほしい。まさに私の気持ちを代弁してくれる著書である。困るのは人によって、使われた言葉の受け取り方が微妙に違うことだ。さらには、先生方の使われている言葉の意味合いも個人によって異なっていることもある。笑える話である。まさに「日本語の氾濫」ということか。

著書の中でも、「医療や防疫、公衆衛生などの分野に関しては、その性質上、専門家の言葉はどうしてもパターナリスティック（父権主義的）になりがちだ」とある。

そして「専門家と市民とのコミュニケーションにおける言葉の選び取り方や、その説明のあり方といったものについては、大きな課題があるといわざるをえない」ともしている。その結果として、「専門家が繰り出す言葉に市民が振り回され、やがて市民自身が振り回し始める」とも書かれている。

一方で、著書にはカタカナ語についての問題提起もある。実は国の研究機関が２００２年から２００６年まで「外来語」委員会を設置し、公共性の高い媒体で使用されているカタカナ語176語を別の言葉遣いに言い換える提案をするとともに、そうした提案を支える調査研究をしていたそうである。

ちょうど自分が介護支援の現場にいることもあり、「ケア」という言葉の提案に注目してみた。

前出の機関による言い換え提案では、「ケア」は「手当て」「介護」「看護」「手入れ」などに置き換えうる、とされている。難しいのは仮に置き換えたとしても現実に使われている中での微妙なニュアンスの違いはある。

例えば、よく使われる「ケアサポート」という言葉。これは「介護」を支援することを意味しているのか、「看護」を施すことなのか、あるいは両方なのか。

さらにはこれを動詞で考えた場合はどうなるか。「ケア」には「(相手のことが) 気にかかる」「(相手のことを) 気にかける」「(相手のことを) 大切に思う」など意味が多様である。

こう考えていくと、特に多面性のある言葉は現場レベルでの置き換えはとても難しい。であれば、カタカナ語をはじめとする言葉のコミュニケーション上の問題をどう解決していくか。

著書には「専門家と市民をつなぐ言葉」という問題提起があった。具体的な事例提案はなかったが、個人的には、直喩や暗喩を通じた「たとえ」が「つなぐ言葉」の1つであると考える。

ただし、そのためには語彙力が不可欠である。結局は「国語力」ということになるのだろう。つまり普段からの読書。古今東西を問わず、文芸書を読み込む。おそらくこれに勝るものはないだろう。

一般の方だけではなく、先生方にもぜひおすすめしたい。

(2)「よこぐし5選」について

何とか読み進めてきた書籍群。

それぞれに感動し、感想を持った。読書感想文としてアウトプットもした。

ここまで済んだら最後のステップとして、これまで読み進めてきた「書籍の山」とこれまでの自分自身の知見をミックスした、自分なりのメッセージを作ってみてはどうだろうか。

誰に見てもらうというわけでもなく（当然、投稿するのは自由だが）、力むことなく自分の考えをまとめてみる。そこに読書感想文とは異なる、味わいのある「大人の感想文」ができるのではないだろうか。

これが「よこぐし読書」の醍醐味である。

みなさんもぜひチャレンジしていただきたい。

文章力の拙い私が記載するのも恐縮であるが、前に掲げた「3つのカテゴリー（現代社会、文学・歴史、自然・文化）」に基づいた5つのメッセージ（よこぐし5選）をまとめてみたので参考にしてほしい。

各メッセージを書く前に、どういうテーマで、どういう筋立てで、どういう書籍や情報を参考にしたかなどもまとめてみた。

①現代社会

おれ、何を怒っているんだろう　～介護ストレスの客観的アプローチ～

（ストーリー）

・「ネガティブな感情」の分析→「感情」の客観視

・自分自身の客観視→「症状を理解すること」と「変化を冷静にとらえること」
・「理想と現実のギャップ」を理解する

（事例）
・「イライラ」を「ワクワク」に変える22の方法
・「怒り」を遠ざけよう

（引用・参考文献　↓　学んだポイントと読書の順番）
(1)セネカ　兼利琢也訳『怒りについて』岩波書店　２００８年
　↓　古代における怒りの研究（分析と対応）
(2)ジル・ボルト・テイラー　竹内薫訳『奇跡の脳』新潮社　２０１２年
　↓　言葉を失った当事者の気持ち
(3)藤井雅子『人はなぜ怒るのか』幻冬舎　２００９年
　↓　「怒り」の心理の分析
(4)飯田雅子『寄り添い支援のまなざし』学研プラス　２０２２年
　↓　「寄り添う支援」についてのプロの見解

「おれ、なにを怒っているんだろう？」

介護されているご家族、またはケアのご担当の方、ふと思ったことはないだろうか。イライラが募って当事者への罵詈雑言や悪態。そして、そのあとにくる強烈な自己嫌悪。さらに、人間として「素」に戻った時に思わず発する冒頭の言葉。

私は現在ケアサポートについてのコンサルティングを行っている。そしてまた、私自身が家族介護者の一人でもある。

介護をしている方はおわかりかと思うが介護は辛い。またしんどい・疲れる。イライラする。腹が立つ……。主観的にみると、いろいろな「ネガティブな感情」が発生する。もっともこうした感情はケアされている方に限らず、健常者（あまりこういう表現は使いたくないが）であっても日常生活の中で同じようにあらわれることも多い。

大切なのは、その感情に至る背景を理解することである。特に、怒りや悲しみ、嫌悪などのネガティブな感情を分析するには、まず自分自身を俯瞰して、なぜそういう感情に至ったかを正しく理解することが必要になる。

例えば、私は高次脳機能障害（脳にダメージを受けることで、通常の日常生活・社会生活に支障が発生する症状。記憶・認知の不具合や失語をはじめ、いろいろな障害が発生する）

の家内を介護している。かなり重度でＡＤＬ（日常生活動作）もままならない。中でも排泄や嚥下の問題にはこれまでもずっと頭を悩ませている。

それが時として、症状が落ち着くことがある。そういう時は、このまま安定するのでは、と大いに期待する。

しかし、それはほんの一時のこと。期待はすぐに打ち砕かれる。しばらくすると元通りになる。また頻尿や失禁、食事をすれば嘔吐。さらに、あれやこれやと発せられる意味不明なサポートの要求……。

そんな状況では「落胆」を通り越して、「怒り」の感情に襲われる。思わず出してしまう家内に対する罵声。その結果として自己嫌悪を感じることになる。この10年間はこんなことの繰り返しである。

ただ、最近は私が少し大人になってきた。

自分自身を俯瞰する術を覚えることで、若干ではあるが冷静に現実を見つめることができるようになってきた。徐々に『おれは一体何を怒っているのだろうか』と落ち着いて自問自答できるようになってきた。

介護時の怒りについて、自分の中では次のように分析している。

・家内の症状が「右肩上がり」に継続的に回復するという期待感が強過ぎる。
・小康状態が常態化してきたため安心しきっている。
・家内（当事者）の思いより、私の思いが優先している。
・実は家内の希望や願いを理解していなかったかもしれない。

つまりこうした独りよがりの思い込みが怒りの背景にあると推測される。

言い換えれば、「理想と現実のギャップ」に翻弄されているということだろう。これがネガティブな感情を引き起こす大きな要因であり、ここを正しく理解することがイライラいっぱいの介護から解放されることになると思う。

まずは自分自身の考え方やアプローチの方法を改めることが重要ではないか。最終的にそんな考えに至った。

『人はなぜ怒るのか』（藤井雅子　幻冬舎　２００９年）という本がある。この著書は心理カウンセラーである著者の経験をもとに書かれている。その中には「イライラをワクワクに変える22の方法」（P１２８－１９５）という記載がある。

まさに今日のケアサポートを「イライラ」から「ワクワク」へと抜本的に転換させるヒントがあるように思う。

①違和感を大切にする
②自分のココロの声を言葉にする
③自分の人生は自分で決めるという覚悟をもつ
④期待値を下げる練習をする
⑤ものごとは変化することを受け入れる
⑥リラクセーションを活用する
⑦エネルギーを有効活用する
⑧インプットとアウトプットを意識する
⑨好奇心をもつ
⑩行動する
⑪本当に嫌なことはしない
⑫マニュアルを鵜呑みにしない
⑬他人と比較しない
⑭他人も自分も責めない
⑮反対の立場で考えてみる
⑯自分のための時間をつくる
⑰コミュニケーションを大切にする
⑱ものごとをどんどん循環させる
⑲意味を考える
⑳逃げない
㉑準備する
㉒自分だけの居場所を確保する

ケアサポートの現場はどうしても主観的になりがちである。

家族の場合はなおさらである。

しかも力みが先立ち、意固地になるケースが多い。

当事者に対する強い思いは必要である。しかしその一方で、常に俯瞰して現場を見続け、変化を的確に把握すること。それが「怒り」を鎮めるポイントになると考える。

それでもなお「怒り」を感じたら……。一度怒っている自分の顔を鏡で見てみたらいい。

一体どんな表情をしているだろうか。

我々の生活から「怒り」を遠ざけよう。

卑劣な行為に怒りはしても、介護される側の失敗・過ちに対しては寛容であるべきである。特に高齢者や障害者には、常に温かい目で見守っていきたい。

第一に怒らないこと。

第二に怒りをやめること。

第三は、他人の怒りを癒すこと。（セネカ『「怒り」について』Ｐ１９９　岩波書店２００８年）

そうした心持ちが、究極にはケアサポートの現場で「怒り」から解放されることになる。

冒頭に掲げた参考文献。私自身の介護生活もこれらの書籍にどれだけ救われたか。改めて記すまでもないだろう。

ケアサポートにおける言葉の重要性

（ストーリー）

・あるタクシー運転手の言葉
・適切な時に、適切な言葉が、瞬時に出てくる→ケアサポートにおける言葉のあり方
・大前提としての当事者の背景を理解（生きざまから趣味嗜好、直近の変化まで）、国語力（伝える力・まとめる力＝表現する力）

（事例）

①「置き換える」「噛み砕く」「例えを使う」
②非言語アプローチ
③聴く力を養うステップ

（引用・参考文献　↓　学んだポイントと読書の順番）

⑴坂本明美『国語力を磨く』日本橋出版　２０２１年
　↓　書く・読む・話す・聴くの４つの力の育て方
⑵古田徹也『いつもの言葉を哲学する』朝日新聞出版　２０２１年
　↓　「言葉を大切にする」という意味について
⑶大谷佳子『聴く・伝える・共感する技術便利帖』翔泳社　２０１７年
　↓　具体的なアプローチ手法
⑷三浦しをん『舟を編む』光文社　２０１５年
　↓　言葉へのこだわりと熱意・チームワーク
⑸川添愛『ふだん使いの言語学』新潮社　２０２１年
　↓　言葉の基礎力を鍛える

「おおごとにならないことをお祈りいたします」

５年前の夏のある日、父危篤の知らせを受けた私は入院先の病院へと急いでいた。すでに時刻は外来時間をとうに過ぎている。最寄り駅からタクシーに乗車。タクシーに乗って病院名を告げると「もう外来は終わっていますが」と運転手さん。「父親が危篤という連絡が入ったもので」と告げる。

冒頭の言葉は、病院に着いた時に運転手さんからかけられた言葉である。

もし私が運転手さんの立場だったらどうだろうか。こんな気の利いた言葉をかけられるだろうか。

また、なかなかそういう運転手さんもいないと思う。

おそらく、その運転手さんの経験、知見、人間性がにじみ出た言葉なのだろう。

いまだに忘れられない出来事である。

「相手の状態を考えながら、適切な時に、適切な言葉（非言語を含む）を、瞬時に発する」。

ケアサポートの世界では不可欠である。当然、一朝一夕にできることではない。しかし、常にこうした考え方を持ちながら、日々の業務や生活を行うことは何より重要である。

言葉は「言霊《ことだま》」。魂を持っていると考える。

であるがゆえに、ケアサポートの現場でも、言葉に魂をこめることが求められる。

そのためのポイントとして、特に「国語力」（聴く力＝理解する力、伝える力・言葉をまとめる力＝表現する力）、「人間性」（熱意・創造性・感性）に注目したい。

中でも「国語力」。

ここで言う「国語力」とは受験用の国語を意味しているのではない。現場における活用レベルの、生きた言葉としての「国語」である。

ケアサポートの世界は医療に近い位置にある。そういうこともあってか、やたら専門用語が飛び交っている。果たして、それを支援者はみな同じように理解しているだろうか。

微妙なニュアンスの違いが何らかのアクシデントの原因になることもあるだろう。

ましてそれを当事者や家族に伝えるとなると、専門用語のままではほとんど正しく伝わらない。

別の言葉に置き換えられないか。

その言葉を噛みくだいて別の表現にできないか。

何かの例えを使って表現することはできないか。

（当然、もっといろいろな方法があるかもしれない）

言葉の意味を正しく理解していれば、ここにあげたような表現方法はそんなに難しいものではないはずだ。

少なくとも当事者や家族に対して「置き換える」「噛み砕く」「例えを使う」という３つの

手法は、専門用語を具体化するための「基本の『き』」であると考える。あるいは専門用語以外でも、こちらの話している内容が伝わっていないと感じた時には、同様に確認することが必要である。

また感情をあらわす場合には、「非言語アプローチ」も1つの方法である。

これはケアサポートだけではなく、一般の日常生活の中でも有効である。

要は相手の心の機微を慮ったアプローチができるかどうかということ。

例えば悲しみに打ち沈んでいる相手に対してどういう言葉をかけるか。

「大丈夫だ」

「がんばったね」

という言葉を選ぶ向きも多いが、時に悲しみが大きいと思われる相手に対しては、軽く肩をたたき「あなたの悲しみは十分理解している」とあえて言葉に出さず、相手の目を見てうなずくというだけでもよいと思う。相手にこちらの気持ちが正しく伝わることが何より重要である。

その一方で、相手の気持ちをこちらに正しく伝えてもらう工夫も必要である。もっともこのケースは当事者の症状（コミュニケーション能力）によっても異なる。

大切なのは「聴く力（聴いて理解すること）を養うこと」である。
聴く力には以下の4つのステップがあるといわれている。

情報をありのまま、正確に聞き取ることができる。
←
話の要旨を理解しながら聴くことができる。
←
話し手の意図を察知しながら聴くことができる。
←
話し手の本音を引き出し、話し手に好感の持たれるような聴き方ができる。
（坂本明美『国語力を磨く』P113–115　日本橋出版　2021年）

最後のフェーズがベストであることは言うまでもないが、ここまで来るには聴き方についての具体的な技術（話に集中する、口をはさまないなど）はもとより、当事者についての正しい理解（生きざま・趣味嗜好、直近のトレンド・変化など）も不可欠である。

また、非言語アプローチの1つとして、こちらが何も言わなくても、相手から気軽に話しかけられる雰囲気・環境や表情を意識して作ることもケアサポートの現場には必要であることを付け足しておきたい。

全体的にやや技術論に片寄った感もなきにしもあらずであるが、言葉は人の気持ちをあらわし伝えるものである。AI時代の到来を直前に控え、改めて言葉の重要性について認識を新たにすることが求められている。

最後に、不幸にして私の父はその晩に亡くなってしまったが、運転手さんのひと言は私の心の中にいつまでも生き続けている。

ケアサポートの現場においても、相手の気持ちを慮った温かい、生きた言葉やアプローチの中で当事者・家族が囲まれることを切に願うばかりである。

まさに先に掲げた参考文献から深く感じたことである。

②文学・歴史

「フランス革命」の苦悩

（ストーリー）

・思想は素晴らしかったが、その実現に向けて多くの血が流れた。革命末期は懐疑的な「ひとでなし社会」となっていた。

・「行き過ぎ」と「揺り戻し」を繰り返し、もがき苦しみながら革命を遂行したフランス。敗戦後の外圧によって革命が終わった日本。革命実現に対する大きな違いがそこにある。

（事例）

フランス革命の背景

・啓蒙思想↓欧州各国へ影響

・革命には血が必要か

海図なき航海のフランス革命終盤

・混とんとした革命末期↓ひとでなし社会

・フランスと日本との革命の違い↓自力か他力か

（引用・参考文献　↓　学んだポイントと読書の順番）

(1)安達正勝『物語　フランス革命』中央公論新社　２００８年

↓　フランス革命の基礎知識

(2)桑原武夫責任編集『世界の歴史〈10〉～フランス革命とナポレオン～』中央公論新社　１９７５年

↓　フランス革命の背景とヨーロッパへ与えた影響

(3)チャールズ・ディケンズ　加賀山卓朗訳『二都物語』新潮社　２０１４年

↓　恐怖政治下のフランス社会の息苦しさ

(4)アナトール・フランス　大塚幸男訳『神々は渇く』岩波書店　１９７７年

↓　フランス革命の痛み（国民・推進者）

(5)エドマンド・バーク　二木麻里訳『フランス革命についての省察』光文社　２０２０年

↓　海外からの視点

(6)エーリッヒ・フロム　日高六郎訳『自由からの逃走』東京創元社　１９５１年

↓　自由のための権力への服従

フランス革命は、近代世界における史上最大の事件である。ここから「近代ナショナリズム」が生まれたと言っても過言ではない。さらにフランス革命の一連の動きは多くの西洋文学や政治体制にも大きな影響を与えている。そこにフランス革命に対する強い興味を覚えるに至った。

革命前夜、南欧諸国では権力と富は一部階層に集中していた。王族・僧侶・貴族は惰眠をむさぼり、ブルジョアは伸び悩み、農民は王権に保護されながらも悲惨な生活を送っていた。

フランスはヨーロッパの中でもこうした社会矛盾が一番大きい国であった。そうした社会情勢から、革命の思想的背景となる「啓蒙思想」が生まれた。

啓蒙思想（enlightenment）とは、「光を当ててよく見る」「理性の光に照らしてものごとを明らかにする」という意味であり、神ではなく人間をすべての中心に置くという考え方のことである。そうした思想のもとに、フランス革命は「自由・平等・友愛」を理念に「ブルジョアの知的活動」と「人民の巨大なエネルギー（貧困に対する不満）」によって推進されたものである。

革命の主導力はブルジョア階層が持っていたが、実質的な推進力は小市民・小農民にあった。その結果、貴族や僧侶の特権ははく奪され、封建的な身分制度は打破された。そして中流ブルジョワの社会参加も実現し、憲法も制定された。

こうしたフランスで生まれた近代ナショナリズムが、のちのヨーロッパ諸国に多大な影響をもたらすことになった。

ここまではほぼ順調であったのだろう。

フランス革命を語る上で憂慮すべきは、国民（人民）のための革命であるはずのものが、ふたを開けてみたら、一部の革命指導者を中心とする階層のためのものへと視点がずれはじめたことである。

そしてそれに伴って顕在化した「権力闘争」。

さらには異なる意見に対して暴力で制圧しようとする強硬姿勢。

フランスは、革命の名のもと「常軌を逸した社会」へと、大きく変わっていった。

ここから革命の苦悩が始まる。

ラファイエット→ミラボー→シェイエス→バルナーヴ→ブリッソー→ヴェルニョ→ロベスピエール→サン＝ジェスト→（シェイエス）→ナポレオン。

革命指導者（権力）は幾度となく代わっていった。そしてその権力変遷において、いかに多くの血が流れたことか。

革命には血が必要なのか。

まずは「王権は継続させるが、憲法で王権を縛ろう」とする立憲君主制の支持派と、あくまで国王不在を標榜する人民共和政支持派との権力闘争が勃発。

そして、その闘争に勝利した人民共和政支持派の中の強硬派と穏健派の対立。

最終的にはロベスピエールを中心とした強硬派が勝利したが、いわゆるロベスピエールの「恐怖政治」の時代は「自由・平等・友愛」というフランス革命の理念の早期実現が最優先され、社会全体は懐疑的で息苦しいものだったと推察される。その様子は『神々は渇く』（アナトール・フランス）や『二都物語』（チャールズ・ディケンズ）などの作品の中からもうかがうことができる。

自由にものが言えない社会。猜疑心の塊の日常。ある意味で、理念と逆行するような社会であった。

そして国民は沈黙を守る。あるいは、疑問を感じつつも主体性なく、より強い力である恐怖政治に安定感・帰属意識を求めることになる。

と同時に、革命遂行を大義名分にロベスピエールの恐怖政治を強く支持するようになってしまう。

『神々は渇く』の中で主人公エヴァリストの母が、人の心を無くしてしまった革命遂行派の息子にかけた「ひとでなし！」という言葉。

フランス革命晩年はまさに「ひとでなし社会」になっていたと言える。

もはや革命指導者、革命の支持・遂行者も暗中模索の中、疲れ切っていた。果たして何を信じていいのか、みなわからなくなってしまったように思われる。

羅針盤はなかった。

海図なき航海が革命の終盤であった。

よくフランス革命は明治維新と比較される。

王権をはじめ過去の歴史をすべて否定したフランス。

それに対して日本は、これまで政治の中心から外れていた天皇を担ぎ出した。明治維新である。

精神文化はそれぞれの国の歴史の中で培われてきたものであり、一朝一夕に変革するのは基本的には不可能である。そう考えると、蓄積されたものをすべて捨て去ろうとしたフランス革命は多分に荒治療過ぎたと言えないだろうか。

しかし、それでも結果として、何とか「自力」で革命を成し遂げてきた。

明治維新も大きな革命ではあるが、いきなり民主政府が誕生したわけではない。日本の場合は明治維新がきっかけにはなったが、1945年の敗戦、そしてアメリカの強力なリーダーシップによって初めて民主化への革命が終わったと言える。

革命の「行き過ぎ」と「揺り戻し」を繰り返しながら、国全体がもがき苦しみながら、そして混とんとしながらも「自力」で革命を遂行してきたフランスに対して、外圧という「他力」によって本当の革命が終わった日本。

国民性の違いを垣間見ることができる。

ドストエフスキー作品にみる「ロシア・プライド」について

（ストーリー）

・ドストエフスキー作品の根底に流れる「ロシア・プライド」。それはロシア人の持つダイナミズムにある。

・作品にあらわれる3つの特徴。

（事例）
ロシア民衆
・ロシア人気質（沈黙と多弁→感受性）
家族を中心とした人間のつながり
・特に心のつながり
信仰（キリスト教）
・糸杉の十字架＝民衆の十字架→神の心は民衆の心にある
（引用・参考文献、資料　→　学んだポイントと読書の順番）
(1)ドストエフスキー　工藤精一郎訳『死の家の記録』新潮社　１９７０年
→　自由への渇望
(2)ドストエフスキー　江川卓訳『地下室の手記』新潮社　１９６９年
→「美にして崇高なるもの」としての意識
(3)ドストエフスキー　原卓也訳『カラマーゾフの兄弟』新潮社　１９７８年
→　ロシア人の愛国心と精神文化
(4)ドストエフスキー　工藤精一郎訳『罪と罰』新潮社　１９８７年

↓　二律背反的なキーワードと宗教

⑸亀山郁夫『集中講義　ドストエフスキー　五大長編を解読する』
　NHK出版　2021年　↓　ロシア社会の危機と崩壊の構造

ドストエフスキーの作品は、読書会でよく話題になる。

課題図書として取り上げられることも多いので、深く興味と関心を持った。

「美にして崇高なるもの」

「現代の教養ある知的な人間」

『地下室の手記』の中にあるキーワードである。

主人公をドストエフスキー自身にだぶらせた表現と見ていたが、一方で、ドストエフスキーが自認していると思われる「ロシア・プライド（愛国心）」によるものとも考えられる。

例えば、同作品にはこんな記述がある。

「われわれロシア人には、一般的に言って、ドイツ流の、ましてやフランス流の現実ばなれした馬鹿げたロマンチストは、かつて存在したためしがなかった」。さらには「わがロマンチストの特色は、すべてを理解し、すべてを見ること、しかも、わが国のもっとも実証的な頭脳の持ち主が見るよりもしばしば比較にならぬほど明晰に見ること」とも。ドイツやフランスを現実離れした存在として軽蔑し、ロシア人の優秀性を訴えているものと言える。

ドストエフスキーの作品には、一般にこうした「ロシア・プライド」が随所ににじみ出ている。ドストエフスキー自身がそのことを口にすることはないものの、「ロシア・プライド」は作品全体のテーマとして大きく関わっていることが多いように思う。

私なりに考察してみた。

ドストエフスキーの抱くロシア・プライドとは。

ひと言で言えば、ロシア人の持つダイナミズムだろう。

「ロシアという国を愛している」というよりも「ロシア人を愛している」ということなのだろう。ロシアという国の器よりも、その国の中で生活する人間、特に「ロシア民衆」と「家族を中心とした人的つながり」、そして「信仰」に対して強い想いを持っているように思う。それらが作品の中には色濃くあらわされているように思う。

一般にロシア人は、おとなしく黙《もだ》しがちといわれる。しかし、沈黙の才能はあるものの、ものごとを伏せておく力は弱いようである。そして一度スイッチが入ったら、途中で話を止めることのできないといわれるロシアの民衆。

しかし、そこから恐るべき感受性が生まれ出ることもある。

冒頭の『地下室の手記』はまさにその典型だろう。さらには、『カラマーゾフの兄弟』や『罪と罰』の中でも、一気に会話がテンポよく流れだすシーンにはどんどん話に引き込まれる。

ロシア人のロシア人らしいところ。そこをドストエフスキーとして愛着を持って表現したように思う。

また、家族を中心とした人的なつながり。それぞれの作品の中にクローズアップされているように、これもドストエフスキーのあらわすロシア・プライドのように思う。

そこでは家族間の人間関係の善し悪しは問題ない。

心のつながりがあること。それが大切なのだろう。

「殺してやる」と思いはしても、実は心の奥底には家族愛を感じる。ただ不思議なことに、私がこれまで読んだドストエフスキーの作品には、両親や兄弟がみなそろった幸せな家族という設定はない。最初から不遇な家庭環境で、その関係性があらわされている。

ロシア人の家族としての思いの強さを、あえてそうした逆説的な設定でもって、強く訴えているように思う。

そして「信仰（キリスト教）」。それをテーマとすることで、ロシア人の強い精神性を感じることができる。特に作品の中では、信仰に対する思いを強いメッセージに変えてあらわしているように思う。

印象的だったのは「糸杉の十字架」というキーワードである。『罪と罰』の中で、ラスコーリニコフが自首する前にソーニャの家に立ち寄るシーンがある。そこでソーニャがラスコーリニコフの胸に、糸杉の十字架をかけてあげる。それを受けてのラスコーリニコフの言葉。

「これが、つまり、十字架を背負うということのシンボルか、へ！　へ！　まるでこれまでぼくが苦しみ足りなかったみたいだ！　糸杉の十字架、つまり民衆の十字架」と。

この言葉こそ、「神の心はロシア民衆の心とともにある」というドストエフスキーが訴えたい強いメッセージであると思う。

まだドストエフスキー作品は数冊しか読んでいないが、それぞれをよこぐしに眺めてみると、こうしたロシア・プライドが実は共通した裏テーマとしてあるように感じたが。考え過ぎだろうか。

③自然・文化

「伝統文化の復活と深耕」による新しい文化の創造を～プロセスを楽しむ～

（ストーリー）

・生活を豊かにするための先人たちの足跡に学ぶ。
キーワードは「創意工夫・明るさ・エネルギー」。
・「寄り合い」と「仕事」↓プロセスを楽しむ。

（事例）

伝統文化＋Something New　北野天満宮の事例
伝統文化の復活と深耕　先祖祭の再構築

（引用・参考文献、資料↓学んだポイントと読書・資料確認の順番）

(1)宮本常一『忘れられた日本人』岩波書店　１９８４年
↓　昔の農村社会にあった活力の源
(2)柳田国男『先祖の話』角川学芸出版　２０１３年
↓　「先祖」の解釈と敬う術

(3)九鬼周造『「いき」の構造』岩波書店　１９７９年
↓　江戸時代の大衆のパワーの源泉
(4)伝統文化の融合フェス　https://spice.eplus.jp/articles/204335
↓　現代の事例

「日本は本当に豊かなのか」。

そんな素朴な疑問が私をこのテーマに向かわせた。

生活を豊かにするための「創意工夫・明るさ・エネルギー」。

今の日本人が忘れかけているキーワードを、先人たちの足跡に学んだ。

今と昔、一体何が違うのだろうか。

『忘れられた日本人』（宮本常一　岩波書店　１９８４年）を参考に、「寄り合い」と「仕事（農作業）」から考えてみる。

一般に「寄り合い」というと地域の集まりのことで、フォーマルな議論をする場と思われがちである。特に今日の寄り合い、例えば自治会・町内会では、問題に対する報告・連絡・相談を行う場というイメージが強い。

まずはそこが決定的な違いである。

戦前では「寄り合い」はフォーマルな議論の場である一方で、「人々の集まりによって人間のエネルギーを爆発させること」や「私生活の中で何とか自分の願望を果たそうとする世界を見つけること」などの機能があったように思われる。

前者は祭りや招宴の際のバカ騒ぎをイメージしたらわかりやすいだろう。また後者は嫁と姑の関係や秘密の男女関係など、人に見られたくない・聞かれたくない個人の行為をうちうちで話したりすることを意味している。

重要なのは、戦前の「寄り合い」には、こうした農村社会における生活のバランスを保つ機能があったということである。どれも一見非効率的なようでありながら、実は農村社会の精神文化の支えになっていたということである。言い換えれば、「寄り合い」は狭い農村における「つながり」を確認し、その関係性を深める場であったと考えることができる。

同じことが「仕事（農作業）」にも言える。

「田植えの時の女のエロ話」。

田植え作業は黙々とやるものではない。面白おかしく、話をしながら、歌を歌いながらやるもの。しかもその内容はエロ話が主流だったそうだ。以前はそうした考え方が一般的だったようである。

そもそも農村社会においては、古くは男女関係が非常におおらかであったとのこと。他に娯楽がなかったせいもあるだろうが、男女の話が農作業の生産性を向上させるとともに、生活のエネルギーになっていたことは間違いないようである。

内容がいい悪いは別にして、「仕事は楽しく！」という考え方は現代にも通じるものがある。

どちらの事例も、今日のような効率優先型の社会とまったく逆である。

時間を共有する。

プロセスを楽しむ。

その結果として、どんなに貧しくても「生活の豊かさ」を実感できたと思われる。

急ぎ過ぎる現代社会。時計の回り方が昔の何倍も早くなっていないか。

今一度「プロセスを楽しむ」という昔からの文化（伝統文化）を再考してはどうか。ある意味で、時代を後戻りしてみてもよいかもしれない。

「プロセスを楽しむ」ためにはプロジェクト発想が不可欠である。思いを共有し喜びを発見する。その感動をさらに共有しながら、生活を楽しむためのエネルギーに変えていく。

こうしたプロセスの中にドラマが生まれ、新しい伝統文化につながることになる。「伝統文化」とは心のつながりである。老若男女は関係ない。むしろ老若男女の持つ智慧を共有する中から新しい価値を見出すことができる。

その方向性として、「伝統＋Something New」が重要である。みなが先人に学び、その心を現代風にアレンジして正しく伝えていく。コンセプトを共有したら、演出は若い人たちがＤＸなど時代に合わせてアレンジしていく。

有名なのは、北野天満宮の伝統文化融合イベントだろう。アート、食、音楽など、日本文化の魅力を広く発信する美のイベントとして開催されている。

その一方で各地域・家庭で「先祖を敬う」をコンセプトに、「先祖祭」を再構築することも必要である。

「先祖」には「家の創設者」とする考え方と、「家々に必ず存在するもの」という考え方があるが、「先祖祭」は特に後者を敬うものとしての形である。

地域の風習・習慣によっていろいろな種類・形・名称があると思うが、各地域や家庭で復活させることはできないものか。疎遠になっている現代社会の中では決して簡単なことではないが、先祖祭復活のプロセスを通じて地域の伝統文化を再確認することも忘れてはならない。地域・家庭の中で肌に感じるとともに、逆にそれを広く発信していくことで「伝統文化の復活と深耕」をはかることも重要である。

「創意工夫・明るさ・エネルギー」という今の日本人が忘れかけているものを取り戻すためにも、「プロセスを楽しむ」という、先人からの学びに習うことこそ、日本が豊かになるヒントがあると思う。

おわりに
――「知的で素敵なシニアライフ」の一助に――

まったくの自己流の私の読書活動。恥ずかしさを感じながらも案内させていただいた。いかがだっただろうか。

読書は十人十色。大切なのは、自分なりの読書ストーリーをどう作るかということ。この本を通じて少しでもご理解いただけたら幸いに思う。

本の中でも記載したが、読書から得た知識は、必ずや、みなさんの「知的で素敵なシニアライフ」につながる。それは自信を持って言えるところである。

特に、私のように、これまでまったく読書と疎遠であったという方。

読書を続けていると、必ず「ちょっと賢くなったかも」と実感するタイミングが来る。それが、読書活動を推進する上での「発火点」となり、モチベーションにつながる。

それを実感できたらしめたもの。あとは勢いにまかせて読み進んでいただければと思う。

とは言っても、私もまだまだ読書初心者（のつもり）。

今日読んだ本、そして明日読む本の中から新しい智慧が生まれるものと考えている。そしてその本との出会いを楽しみにしている。

だから毎日、読書を続けている。

さらにその智慧を一人でも多くの方々と共有することができたら、どんなに素晴らしいだろうか。

「はじめに」でお伝えしたように、「ワクワクリベンジ読書くらぶ」を、私が自宅で主宰している私設公民館「おおい元気ぼっくす」での恒例企画として実施したいと思う。

情報は、「おおい元気ぼっくす」のホームページならびにSNSに記載するので、お近くにお住いの方はぜひ参加していただきたい。

まずは課題図書を設定するというより、最初のうちは「(ご自身が)最近読んだ本の中で気に入ったもの」をテーマに、参加者の方にそれぞれ感想を述べていただきたいと思う。

ぜひ、一緒に語り合いましょう。

開催はリアルを基本とするが、場合によってはweb開催も検討したいと思う。


読書って素晴らしい！

とっても楽しいものだ！

第二の人生に「智慧と勇気」を与えてくれる！

最後に、この本が、「知的で素敵なシニアライフ」の一助となれること、心よりお祈りしたいと思う。

そしてどこかでみなさんとお会いし、読書の素晴らしさについて語り合える日が来ることを楽しみにしている。

今回の出版にあたり、ズブの素人の私に懇切丁寧に指導いただくとともに、様々な相談にのっていただいた幻冬舎メディアコンサルティング　ルネッサンス局編集部の方々、ならびに事例掲載について快くご了承いただいた信州読書会の主宰者・宮澤さま。さらに執筆時間に配慮いただいた家内（介護中）のケアサポートスタッフの方、そして重い障害を抱えながらも私の執筆を応援してくれた（!?）家内には、心より感謝申し上げる次第である。

この場をお借りして、深く御礼申し上げたいと思う。ありがとうございました。

私設公民館『おおい元気ぼっくす』
代表　玉木　和彦

〈著者紹介〉

玉木和彦（たまき　かずひこ）

1960年新潟県生まれ。早稲田大学第一文学部社会学専攻卒。

社会福祉士、上級生涯学習コーディネーター、アンガーマネジメントファシリテーター。

大手小売企業勤務。創業者のパーソナルスタッフ、店舗責任者、本社顧客対応担当責任者等を歴任。

2012年妻の高次脳機能障害受傷を期に家族会（脳損傷・高次脳機能障害サークルエコー）へ入会。2018年代表。

2019年私設公民館「おおい元気ぼっくす」開設。生涯学習推進を目的とした集いの場を運営。

人生《じんせい》100年《ねん》を楽《たの》しむために
ワクワクリベンジ読書《どくしょ》のすすめ

2023年12月22日　第1刷発行

著　者　　玉木和彦
発行人　　久保田貴幸

発行元　　株式会社 幻冬舎メディアコンサルティング
〒151-0051　東京都渋谷区千駄ヶ谷4-9-7
電話　03-5411-6440（編集）

発売元　　株式会社 幻冬舎
〒151-0051　東京都渋谷区千駄ヶ谷4-9-7
電話　03-5411-6222（営業）

印刷・製本　中央精版印刷株式会社
装　丁　　川嶋章浩

検印廃止

ISBN 978-4-344-69029-5 C0095
幻冬舎メディアコンサルティングＨＰ
https://www.gentosha-mc.com/